AF493447

CAISSES DES ÉCOL

EN FRANCE

PAR

A. CHAPEY
Avocat
Docteur en Droit

RENNES
IMPRIMERIE EUGÈNE PROST
rue Leperdit, 4

—

1910

ÉTUDE

SUR LES CAISSES DES ÉCOLES EN FRANCE

BIBLIOTHÈQUE NATIONALE
R.F.

8° R
23834

BIBLIOTHÈQUE NATIONALE
R.F.
IMPRIMÉS

ÉTUDE

SUR LES

CAISSES DES ÉCOLES

EN FRANCE

PAR

A. CHAPEY
Avocat
Docteur en Droit

RENNES
IMPRIMERIE EUGÈNE PROST
rue Leperdit, 4

1910

INTRODUCTION

« Comment aurais-je été à l'école, quand j'étais enfant, puisque je n'avais rien à mettre dans mon petit panier ? » Telle fut la réponse sans réplique que me fit un jeune paysan illettré, dont l'ignorance m'étonnait. Au lieu d'aller à l'école, il gardait les dindons et gagnait ainsi sa pauvre existence.

« Pour instruire les enfants, la première condition est de leur donner à manger, c'est l'évidence même » (1).

Le législateur l'a bien compris. Les lois du 10 avril 1867 et 28 mars 1882 font une place importante aux Caisses des Ecoles, destinées à remédier à l'irrégularité de la fréquentation scolaire.

Par ses ressources, par l'importance de son but, surtout par sa constitution et son fonctionnement, qui, sans l'absorber dans la commune, unissent l'action personnelle des bons citoyens à celle de la Municipalité, la Caisse des Ecoles apparaît comme le type le plus complet de l'institution destinée à consolider l'œuvre de l'école publique en favorisant l'épanouissement de ses bienfaits.

(1) *Le Journal*, 4 mars 1910. *Le Mirage des Caisses des Ecoles*, par le docteur Jacques Bertillon.

Malgré le vœu du législateur de 1882, qui a créé l'enseignement primaire obligatoire, la fréquentation scolaire en France est assurée d'une façon généralement insuffisante : la scolarité réelle commence plus tard et finit beaucoup plus tôt que la scolarité légale.

Des raisons, les unes graves et douloureuses, les autres futiles et condamnables, font que l'enfant gaspille, en fait, un cinquième, un quart, parfois un tiers du temps qu'il doit à l'école et que l'école lui doit.

Si l'irrégularité de la fréquentation, et c'est le cas le plus fréquent, provient, non pas du mauvais vouloir, mais de difficultés réelles, ici de la misère des familles, là d'une nécessité locale, comme il s'en rencontre, par exemple, dans les pays de pâturages, la Caisse des Ecoles intervient et atténue le mal dans une large mesure.

Quelquefois un subside minime, un livret de caisse d'épargne, des bons de cantine, une prime de fréquentation de quelques centimes par semaine, suffiront avec un peu de courage que les sympathies mêmes de la Caisse des Ecoles rendront aux parents, pour triompher de bien des obstacles; d'autres fois, une récompense, une très petite somme attachée par la Caisse des Ecoles pour la possession du certificat d'études, décidera la famille et lui trouvera les moyens de ne pas abréger misérablement les études de l'enfant.

Il est navrant de constater ce fait, à peine croyable, signalé dans de nombreux rapports d'inspecteurs primaires, que dans beaucoup de communes, la loi sur l'enseignement primaire obligatoire n'est pas exécutée, faute de Caisse d'Ecole.

Après que l'Etat a payé des millions pour bâtir des écoles, et pour assurer le traitement des maîtres, déchargeant ainsi la commune de la presque totalité des grosses dépenses, il existe encore des communes qui rendent inutiles ces gros sacrifices, en refusant d'accorder aux élèves indigents les quelques sous indispensables pour acheter les fournitures scolaires.

On voit, dans certaines écoles, des enfants inoccupés, ou suivant de loin, péniblement, infructueusement, le travail de leurs camarades, faute d'un livre, d'un cahier ou d'un crayon que la commune refuse, ou plutôt néglige indéfiniment de leur fournir, alors qu'elle n'a plus rien d'autre à dépenser pour l'école.

La Caisse des Ecoles obvie ces inconvénients là où elle existe; malheureusement, cette institution rendue obligatoire par la loi du 28 mars 1882 sur l'enseignement primaire, dans toutes les communes de France, est insuffisamment répandue.

Les personnes de bonne volonté ne manquent nulle part dans notre pays, quoi qu'on en dise; il faut donc attribuer à l'ignorance le peu de succès relatif remporté par les Caisses des Ecoles et les institutions scolaires en général.

Combien y en a-t-il qui ignorent jusqu'à l'existence d'une Caisse des Ecoles dans leur commune et qui n'ont jamais pensé à s'y faire inscrire?

C'est ce que faisait observer, avec beaucoup de raison, M. Poincaré, ministre de l'Instruction publique, dans sa circulaire du 10 juillet 1895, adressée aux membres des délégations cantonales et des Comités des Caisses des Ecoles.

« Il en est qui se déclarent partisans des théories les plus avancées en matière d'initiative individuelle ou communale, qui se plaignent de la centralisation administrative, qui admirent de confiance les institutions libérales d'autres pays et qui ne se doutent pas qu'il y a là à leur porte une institution créée en principe depuis trente ans, qui est à la fois la plus souple, la plus libre, la plus humaine et la plus démocratique des conceptions, une véritable Société de bienfaisance et de bienveillance mutuelle au profit des enfants du pays, sans distinction; une sorte d'Association mi-publique, mi-privée, s'administrant elle-même, jouissant de la personnalité civile, n'ayant d'autres statuts que ceux qu'elle se donne, où tous les gens de bien qui s'intéressent à l'enfance peuvent apporter leur obole, et, ce qui vaut mieux encore, leur affection » (1).

Nous nous proposons, dans ce travail, de traiter cette importante question des Caisses des Ecoles en France.

La première partie sera consacrée à l'étude de la législation de ces Caisses depuis leur origine et de leur situation actuelle.

Dans la seconde partie nous étudierons le régime légal des Caisses des Ecoles et leurs attributions telles qu'elles ont été réglées par la jurisprudence la plus récente (Conseil d'Etat statuant au contentieux, arrêt du 22 mai 1903).

(1) *Bulletin administratif du Ministère de l'Instruction publique*, 1895, T. LVIII, p. 10.

PREMIERE PARTIE

HISTORIQUE

CHAPITRE PREMIER

Les Caisses des écoles avant la loi du 10 avril 1867.

On fait remonter les Caisses des Ecoles à la loi du 10 avril 1867, c'est à cette date qu'on en trouve trace pour la première fois dans la législation.

L'institution est antérieure; l'initiative privée a, en cette matière comme en tant d'autres, devancé et inspiré le législateur.

C'est sous la République de 1848 que fut créée la première Caisse des Ecoles.

Si les efforts des pouvoirs publics et, en particulier, d'Hippolyte Carnot, ne purent faire proclamer l'obligation et la gratuité de l'enseignement primaire, résultat qui fut obtenu par la troisième République, du moins, de généreuses initiatives se firent jour et de bons citoyens pensèrent qu'on pouvait aider au développement de l'instruction du peuple, en facilitant aux enfants de parents nécessiteux la fréquentation de l'école.

L'idée prit corps au sein d'un bataillon de la Garde Nationale parisienne, celui de l'ancien IIIe arrondissement de la capitale; elle fut suggérée par un de ses membres dont le nom nous a été conservé, M. Barreswil, honorable commerçant qui faisait partie du Comité local de surveillance des écoles et devint plus tard délégué cantonal.

Au cours d'une des veillées de garde en 1849, M. Barreswil développa son projet devant ses camarades; des enfants du quartier, à qui la gratuité de l'instruction avait été accordée, étaient empêchés de profiter de cette décision gracieuse, faute par leurs parents de pouvoir leur acheter les chaussures et les vêtements convenables pour se rendre à l'école. L'entente se fit rapidement. Il existait au bataillon une caisse de secours; il fut convenu qu'une partie de ses ressources serait remise au maire de l'arrondissement, pour être, par lui, distribuée sous forme de vêtements, de chaussures, de prix, de livrets de Caisse d'Epargne, entre les enfants pauvres et méritants des écoles primaires de l'arrondissement.

Afin de renouveler et d'augmenter ce capital de fondation, le maire prit l'habitude de faire appel aux souscriptions des notables, ses administrés, et constitua en même temps un Comité chargé de l'assister dans l'attribution des secours et des récompenses.

Du premier jour, le nom de Caisse des Ecoles fut donné à cette organisation qui n'a cessé de fonctionner depuis, dans le IIIe arrondissement, aujourd'hui IIe arrondissement, et qui a servi de modèle à toutes les Caisses des Écoles (1). Elle eut le plus grand succès. C'est ainsi qu'en 1867, alors que les Caisses des Écoles étaient encore à l'état de projet, cette Caisse avait atteint son entier développement.

Voici, d'après le *Bulletin administratif du Ministère de l'Instruction publique*, quelle était alors sa situation :

« Cette Caisse, administrée par le maire et deux adjoints secondés par un Comité de dix-neuf membres et dix dames patronnesses, a pour but de répandre l'émulation et l'assistance dans les écoles communales de l'arrondissement qui compte plus de 2,700 élèves.

A cet effet, elle délivre aux enfants les plus pauvres des aliments, des vêtements et des chaussures; elle vient en aide aux familles des écoliers en cas d'accidents, de chômage ou de maladie. Elle place les orphelins ou les enfants abandonnés dans des maisons de bienfaisance ou d'éducation. Elle décerne, à la fin de l'année scolaire, dans chaque école communale, pour récompenser le travail et la conduite, un prix d'honneur de 100 fr., des prix d'encouragement de 25 fr. et des mentions honorables.

Elle distribue ainsi chaque année 6 livrets de Caisse d'Epargne de 100 fr., 32 livrets de 25 fr., 4 médailles d'argent, 8 de bronze, 45 prix en livres, 47 mentions honorables. Elle donne enfin deux livrets de 300 fr. chacun, au meilleur élève des écoles de garçons concourant entre

(1) Voy. le Rapport sur les Caisses des Écoles de Paris, présenté par M. Sigismond-Lacroix, au Conseil Municipal de Paris, dans sa séance du 13 novembre 1877.

elles et à la meilleure élève de l'école des filles concourant de la même manière.

Dans les écoles qui n'ont pas remporté ce prix supérieur, le premier candidat reçoit un livret de 100 fr. et les deux suivants chacun un livret de 50 fr.

Les ressources consistent en :

1° Souscription des membres fondateurs;

2° Produit d'une messe solennelle en musique, célébrée chaque année à l'église Saint-Eustache (1). »

Cet exemple fut suivi, en 1859, par le Ier arrondissement et, en 1862, par le XIXe arrondissement.

La prospérité de cette dernière Caisse lui valut d'être, à l'exemple de la Caisse du IIe arrondissement, citée au *Bulletin administratif* (2) et proposée comme modèle par le Ministre de l'Instruction publique aux Caisses naissantes.

« Cette Caisse, fondée en 1862, est administrée par un Comité composé du Maire, président; des deux adjoints, d'un trésorier, d'un secrétaire et de six autres membres.

Elle distribue des secours en nature et en argent aux écoliers malades indigents; elle place et patronne les enfants orphelins et infirmes; elle crée des bourses d'apprentissage et des bourses dans les écoles supérieures; elle distribue aux meilleurs élèves 2 grands livrets d'honneur de 100 fr., 2 livrets de 50 fr. et 65 livrets de 25 fr. chacun; elle donne des vêtements aux élèves pauvres.

(1) *Bull. administratif du Ministère de l'Instruction publique*, 1868, p. 10.
(2) *Bull. administratif du Ministère de l'Instruction publique*, 1867, p. 11.

Son revenu en 1866 atteint 4,636 fr. provenant de souscriptions et quêtes. »

Enfin, le 21 août 1865, une Caisse Générale des Ecoles dont le Ministre de l'Instruction publique avait approuvé les statuts, fut fondée dans les Vosges. Il fut versé à cette Caisse en 1866 la somme de 2,410 fr. à l'aide de laquelle on faisait des distributions de prix et des subventions aux bibliothèques. Chose intéressante à noter, cette Caisse était départementale, alors que les Caisses que nous venons de citer étaient communales.

Elle dut se mettre en harmonie avec la loi de 1867. Quand celle-ci eut créé des Caisses des Ecoles communales, elle fit réviser ses statuts dans le sens de l'art. 15 de cette loi, autorisant les communes à se réunir dans un même canton pour former des associations plus fortes, douées d'une plus grande cohésion.

L'institution issue de l'initiative privée méritait d'être encouragée par le législateur et érigée en service public.

Ce fut l'objet de la loi du 10 avril 1867 sur l'enseignement primaire qui décida la création d'une Caisse des Ecoles dans toutes les communes de France.

CHAPITRE II

Loi du 10 avril 1867.

Il n'est pas douteux que ces Caisses des Ecoles aient fait beaucoup pour la cause de l'enseignement primaire dès avant 1867. Les administrateurs de la Caisse du IIe arrondissement de Paris le constataient en ces termes dans le *Bulletin administratif* de 1868, sous la note consacrée à la Caisse des Ecoles dudit arrondissement : « Aux opérations du tirage au sort, il n'y a plus d'illettrés; cet heureux résultat ne peut être attribué qu'à la Caisse des Ecoles. » Le Ministre de l'Instruction publique, M. Duruy, ne resta pas inactif devant des résultats si encourageants; aussi dès le 24 mai 1865 il présentait au Corps Législatif, au nom du Conseil d'Etat, un projet de loi relatif à l'enseignement primaire, qui devait devenir la loi du 10 avril 1867.

La préoccupation du Ministre et sa sollicitude pour les futures Caisses des Ecoles se retrouvent dans l'exposé des motifs ainsi conçu : « Le gouvernement a pensé qu'il y avait lieu d'étendre la liberté qu'ont déjà les communes d'établir la gratuité scolaire et de mettre le plus possible les moyens d'instruction à la portée des populations...

Art. 3. — Ce n'est pas assez d'ouvrir aux indigents les portes de l'école; il faut leur procurer par des fournitures scolaires les moyens d'en suivre les leçons avec fruit.

Aussi bien il peut être utile dans certains cas de leur faciliter la fréquentation de la classe par des secours de diverse nature que la commune n'est pas en état de leur donner.

Enfin, il [illegible]nvient d'encourager par des récompenses les enfa[illegible] qui se font remarquer par leur exactitude et leur assiduité.

A cet effet, une Caisse des Ecoles pourra être créée dans chaque commune; ses revenus se composeraient des cotisations volontaires, des subventions qui pourraient lui être accordées par la commune, le département ou l'Etat et des dons et legs qui lui seraient faits » (1).

La proposition de loi qui faisait suite à cet exposé des motifs laisse déjà entendre que plusieurs communes pourraient se réunir pour fonder et entretenir une Caisse des Ecoles.

Dans un projet de loi présenté au Corps Législatif par M. Chauchard (2) au nom de la Commission, en septembre 1866, on retrouve exprimées les mêmes idées dans les mêmes termes, concernant le projet de création des Caisses des Ecoles, avec cette différence que l'on voit proposer pour la première fois l'idée de charger les percepteurs receveurs communaux du service de la Caisse.

(1) Ce projet de loi avait été délibéré par le Conseil d'Etat dans ses séances des 5, 8, 11 et 12 mai 1865, et rapporté par M. Genteur.

(2) V. *Moniteur* des 17, 18, 19, 21, 22 et 26 septembre 1866, pages 1120, 1123, 1125, 1131, 1135, 1147 et suivantes.

Enfin, le 10 avril 1867, une loi organisant l'enseignement primaire fut votée; cette loi contenait un art. 15 qui est à la base de l'organisation de toutes les Caisses des Ecoles postérieurement créées.

Cet article fondamental qui forme toute la législation des Caisses des Ecoles jusqu'en 1882 est ainsi conçu :

« Une délibération du Conseil Municipal approuvée par le préfet peut créer dans toute commune une Caisse des Ecoles destinée à encourager et à faciliter la fréquentation de l'école par des récompenses aux élèves assidus et par des secours aux élèves indigents.

Le revenu de la Caisse se compose de cotisations volontaires et de subventions de la commune, du département et de l'Etat. Elle peut recevoir, avec l'autorisation des préfets, des dons et legs.

Plusieurs communes pourront être autorisées à se réunir pour la formation et l'entretien de cette Caisse.

Le service de la Caisse des Ecoles est fait gratuitement par le percepteur. »

Dès le 12 mai 1867, M. Duruy adressa une circulaire aux préfets (1), leur recommandant l'institution d'une Caisse des Ecoles dans chacune des communes de leur département en y joignant des conseils pratiques susceptibles de faire prendre à ces Caisses un plus grand développement; le Ministre s'exprime en ces termes :

« ..... Je ne saurais trop vous recommander, Monsieur le Préfet, l'institution d'une Caisse des Ecoles dans les communes de votre département.

(1) *Bull. admin.*, 1867, p. 8.

Cette Caisse, destinée à encourager et à faciliter la fréquentation de l'école, peut avoir les plus utiles résultats. Créée sous l'inspiration du Conseil Municipal, alimentée par les souscriptions des personnes les plus dévouées au bien public, elle peut suppléer à l'insuffisance des ressources communales pour un grand nombre de dépenses qui, sans être obligatoires, sont d'une utilité incontestable. Il ne suffit pas, par exemple, dans certains cas, d'ouvrir gratuitement à un enfant la porte de l'école, l'expérience prouve que beaucoup d'enfants qui y sont admis à cette condition se dispensent d'y paraître ou y paraissent si irrégulièrement qu'ils n'en profitent réellement pas.

Cela tient à plusieurs causes que la Caisse des Ecoles peut faire disparaître.

C'est tout d'abord le besoin qu'ont les parents des services de leurs enfants; la Caisse ne peut-elle leur allouer des secours, à la condition de l'envoi régulier de leurs enfants à l'école? — Ces enfants manquent de vêtements : Ne peut-elle leur en donner? — Ils n'ont pas le moyen de se procurer des livres et du papier : Ne peut-elle leur en fournir? — Ne peut-elle pas récompenser par quelques dons les enfants les plus assidûs; accorder des prix en dehors de ceux pour lesquels le Conseil Municipal alloue une certaine somme ou en doubler la valeur? Aider certaines familles à payer l'écolage, donner à l'instituteur lui-même, soit une gratification, soit les livres dont il aurait besoin pour l'instruction de ses élèves ou la sienne propre, ou enfin souscrire en son nom à des recueils périodiques qui le tiendraient au courant des nouvelles méthodes et des progrès de la science?

Cet emploi si varié des ressources de la Caisse des Ecoles peut se reproduire sous mille aspects différents, mais ces ressources, il faut se les procurer, et, dans ce but, une bonne organisation des Caisses des Ecoles est nécessaire. »

Le Ministre insiste pour cette bonne organisation des Caisses des Ecoles, mais sans vouloir les enfermer dans un cadre uniforme. Il prend le soin de faire remarquer que le but à atteindre doit seul être envisagé, chaque Caisse restant libre d'user des moyens les plus propres à le réaliser; « ces établissements, qui devront beaucoup à l'initiative privée, n'ont besoin que d'un règlement de travaux intérieur, dont vous pourriez trouver le modèle, sans prétendre l'imposer.

Ce règlement, qui conférera au Maire la présidence de la Commission administrative, laissera aux membres de la Commission le choix de son vice-président et de son secrétaire. Il pourra désigner parmi les fonctionnaires publics des membres de droit et décider que tous les membres seront soumis à l'élection; il pourra partager les souscripteurs en membres titulaires et en membres honoraires, donnant ou ne donnant pas aux uns et aux autres le droit d'assister aux réunions générales, avec voix consultative ou délibérative, selon que les circonstances locales paraîtront devoir être le plus conforme aux intérêts de la Caisse. Il pourra fixer le taux de la souscription ou en autoriser l'acceptation à quelque taux qu'elle s'élève; il pourra rendre les souscriptions annuelles et même accueillir celles qui seraient offertes à la Commission administrative, à telle ou telle condition qui ne serait pas onéreuse pour la Caisse. Il pourra autoriser la Commission à déléguer ses pouvoirs dans telle ou telle limite à un Comité ou lui réserver l'administration directe de la Caisse;

Enfin, il se prêtera à toutes les combinaisons qui pourraient attirer le plus grand nombre possible de souscripteurs. »

Le Ministre termine en adressant un pressant appel aux Conseils Municipaux. Il les convie à créer partout des Caisses des Ecoles, qui viendront en aide aux communes, par la mise en œuvre d'un plus grand nombre de personnes.

Pour vaincre les dernières hésitations, il laisse entendre que des subventions seront accordées aux Caisses des Ecoles, soit annuellement, soit tous les deux ans, jusqu'à concurrence du 10e du montant des souscriptions.

Craignant de voir l'élan des personnes dévouées à l'enseignement et aux Caisses des Ecoles se heurter à des difficultés d'organisation qu'elles ne pourraient surmonter faute d'avoir sous les yeux des exemples d'institutions similaires, ayant déjà fait leurs preuves, le Ministre adressa quelques mois plus tard, aux Préfets, une circulaire en date du 9 juillet 1867, leur recommandant de distribuer un certain nombre d'exemplaires d'une note renfermant :

1° L'art. 15 de la loi du 10 avril 1867 et un extrait de la circulaire du 12 mai suivant, relatifs aux Caisses des Ecoles;

2° Une note sur l'usage de faire des dons aux Caisses des Ecoles à l'occasion des mariages;

3° Un résumé de l'organisation de la Caisse des Ecoles du IIe arrondissement de Paris;

4° Un résumé de l'organisation de la Caisse des Ecoles du XIXe arrondissement de Paris;

5° Un extrait de l'étude de M. Louis Reybaud sur le régime des manufactures, indiquant les résultats obtenus à Lyon par la Société d'Instruction primaire;

6° Une délibération du Conseil Municipal de Gentilly (Seine) portant création d'une Caisse des Ecoles;

7° Un projet de statuts annexé à une délibération d'un Conseil Municipal de Seine-et-Oise portant création et organisation d'une Caisse des Ecoles.

Le Ministre déclare donner ce projet de statuts à titre de simple exemple, sans prétendre en aucune façon l'imposer, il se montre d'un grand libéralisme quant aux moyens, pourvu que les Caisses se fondent et remplissent efficacement leur mission. Nous le reproduisons ci-dessous.

« Le Conseil Municipal de la commune de.....

Vu l'art. 15 de la loi du 10 avril 1867,

Vu la proposition de M. le Maire,

Délibère, sauf l'approbation de M. le Préfet, qu'il y aura dans la commune une Caisse des Ecoles fondée et administrée conformément aux dispositions suivantes :

CHAPITRE Ier. — *Formation et but de la Caisse des écoles*

Article premier. — Une Caisse des Ecoles est établie

dans la commune de....., conformément à l'art. 15 de la loi du 10 avril 1867. Une Société est formée pour assurer la prospérité de cette œuvre et en réaliser les bienfaits.

Art. 2. — La Caisse a pour but d'encourager et de faciliter la fréquentation des écoles par des récompenses aux élèves assidus et par des secours aux élèves indigents ou peu aisés, soit en leur fournissant les livres de classe qu'ils ne pourraient se procurer, soit en leur donnant des vêtements, soit en aidant les familles momentanément dans la gêne, soit en donnant des secours aux familles indigentes qui se privent du travail de leurs enfants afin de les envoyer aux écoles.

CHAPITRE II. — *Composition de la Société.*

La Société se compose de membres honoraires fondateurs, de membres sociétaires et de dames patronnesses; elle est présidée par le Maire.

Les membres fondateurs sont ceux qui font à la caisse un don immédiat de 100 fr. ou qui prennent l'engagement de verser pendant cinq ans au moins la somme de 20 fr. dans la caisse.

Les membres sociétaires sont ceux qui, par une souscription volontaire, dont la quotité ne peut être moindre de 2 fr. par an, contribuent à la prospérité de la Caisse des Ecoles.

Les dames patronnesses sont particulièrement chargées de veiller à l'instruction des jeunes filles.

Les uns et les autres ont en outre pour mission principale de rechercher les enfants qui ne vont point aux écoles et de tout mettre en œuvre pour déterminer les familles à les y envoyer.

CHAPITRE III. — *Administration de la Société.*

Art. 3. — La Société est administrée par un Comité composé de cinq membres au moins, y compris le Maire, président de droit.

Les membres du Comité sont élus pour trois ans par les membres sociétaires à la majorité absolue des suffrages. Le renouvellement est déterminé par le sort pendant les trois premières années et ensuite par l'ancienneté. Les membres sortants sont rééligibles.

Art. 5. — Le Comité présidé par le Maire désigne son vice-président et son secrétaire; il se réunit au moins une fois par mois. Tous les six mois, il rend compte à l'assemblée générale des membres de la Société de ses travaux et de l'emploi des fonds, ainsi que de l'état de la caisse.

Une copie de ce compte rendu est mise chaque année sous les yeux du Conseil Municipal à la session de mai.

CHAPITRE IV. — *Des revenus de la Caisse et de ses dépenses.*

Art. 6. — Le revenu de la Caisse des Ecoles se compose :

1° Des versements faits par les membres honoraires fondateurs, par les membres sociétaires et par les dames patronnesses;

2° Des dons et legs faits à ladite Caisse et du produit des quêtes;

3° Des subventions allouées par le Conseil Municipal;

4° Des secours alloués par le Conseil Général et par le Ministre de l'Instruction publique.

Ces fonds sont versés dans la caisse du receveur municipal qui est chargé par la loi du 10 avril 1867 de faire gratuitement le service de la Caisse.

Art. 7. — La Caisse peut recevoir des dons en nature tels que livres, papiers, plumes, vêtements et objets alimentaires destinés aux enfants indigents.

Art. 8. — Les règles de comptabilité communale sont applicables à la comptabilité de la Caisse des Ecoles.

Le budget et le compte de la Caisse des Ecolessont en conséquence soumis au Conseil Municipal comme les budgets et comptes des autres établissements de bienfaisance.

Aucune dépense ne sera faite sans l'avis du Comité. Toutefois, lorsqu'il s'agit de dons en nature, le Maire peut procéder immédiatement à la distribution des objets donnés, à charge d'en rendre compte au Comité à la première réunion. »

Pour montrer jusqu'à quel point il poussait son libéralisme en ce qui concerne les statuts et la réglementation des Caisses des Ecoles, le Ministre joignit à la même circulaire du 9 juillet 1867, outre les statuts que nous venons de reproduire, les statuts d'une Caisse des Ecoles qui serait fondée avec le concours des membres du bureau de bienfaisance et dont le plan avait été proposé par le maire d'une commune de Seine-et-Marne. Ces statuts se recommandent par leur extrême simplicité et étaient tout indiqués pour les communes de faible population où les Caisses des Ecoles ne pouvaient prétendre de par leur minime importance à une individualité absolue.

«Article premier. — Une caisse des écoles est instituée dans la commune de....., conformément à l'art. 15 de la loi du 10 avril 1867, en vertu de la délibération prise par le Conseil Municipal de..... et approuvée par le préfet le.....

Art. 2. — Le revenu de la Caisse se compose des sommes votées par le Conseil Municipal, des cotisations volontaires offertes par les habitants et des dons, legs et fondations que la Caisse constituée par la loi à l'état de personne civile peut recevoir, quel qu'en soit le chiffre, avec l'autorisation du préfet.

Art. 3. — Le revenu de la Caisse est employé à développer la gratuité de l'instruction, à distribuer dans les écoles de garçons et de filles des prix et des primes d'assiduité, sous forme de livres utiles, d'instruments d'étude, de vêtements ou livrets de Caisse d'Epargne ou de Caisse des Retraites.

Art. 4. — La Caisse est administrée par une Commission spéciale présidée par le Maire et composée des membres du bureau de bienfaisance et de l'instituteur, qui remplit les fonctions de secrétaire. Le budget annuel de la Caisse est dressé à la même époque et dans la même forme que celui du bureau de bienfaisance.

Art. 5. — Le service de la caisse est fait gratuitement

par le percepteur conformément au dernier paragraphe de l'art. 15 de la loi du 10 avril 1867. »

Une difficulté s'éleva à propos du percepteur qui, comme nous l'avons vu, était, de par la loi, chargé de la comptabilité des Caisses des Ecoles.

Plusieurs communes s'étaient adressées au Ministre pour lui demander si la disposition de loi qui chargeait les percepteurs de ces fonctions était impérative et si le concours de ces fonctionnaires était exclusif de tout autre au choix des communes ou des Caisses des Ecoles.

Le Ministre qui était alors M. Faye trancha la question d'une façon très libérale. La circulaire qu'il envoyait aux préfets le 10 décembre 1867 s'exprimait ainsi :

« Je n'hésite pas à penser et j'ai fait connaître mon appréciation à cet égard à M. le Ministre des Finances, que le texte précité de la loi du 10 avril 1867 n'implique pas que le percepteur doive nécessairement être chargé du service de la Caisse. Il signifie simplement que dans le cas où ce fonctionnaire est désigné pour remplir l'emploi de trésorier de la Caisse des Ecoles, il ne peut demander aucune indemnité pour ce service.

Il demeure donc entendu que les municipalités ont le droit de choisir en dehors du percepteur receveur municipal le comptable chargé de l'administration de la caisse. »

Nous sommes complètement de cet avis.

Nous estimons qu'il y aura intérêt à choisir comme comptable, de préférence, un membre du Comité de la Caisse des Ecoles, ou, du moins, une personne résidant dans la commune.

Il y aura une économie de temps et une plus grande commodité apportée à la répartition des fonds.

Le percepteur, dans la généralité des cas, réside au chef-lieu du canton, sa présence dans les communes de sa perception est excessivement rare; dans l'intervalle, son absence risque d'empêcher ou de retarder le fonctionnement de la Caisse des Ecoles dont les fonds lui seraient confiés.

Si l'on ajoute que le recouvrement des souscriptions exige beaucoup de ménagements et que les rigueurs qui accompagnent souvent la perception des fonds recouvrés par voie administrative peuvent écarter bon nombre de souscripteurs, on doit approuver sans réserve la décision du Ministre.

Le Ministre ne négligeait aucune occasion de montrer l'intérêt qu'il portait à l'œuvre des Caisses des Ecoles.

Dans son exposé de la situation de l'Instruction publique, en 1868, il en parle sur un ton qui montre combien elle lui tient au cœur. « La création d'une Caisse des Ecoles dans chaque commune serait, dit-il, un vrai moyen efficace d'assurer la fréquentation des classes. A l'aide de dons, de souscriptions particulières, de subventions du Conseil Général ou du Ministère de l'Instruction publique, la Caisse des Ecoles pourrait donner :

1° Aux meilleurs écoliers, aux plus assidus, des récompenses en livres, en vêtements, en livrets de Caisse d'Epargne et même des outils d'honneur;

2° Aux plus pauvres enfants, à ceux qui viennent, pendant l'hiver, d'une demeure éloignée, la Caisse des Ecoles peut donner des sabots, quelques habits, pour les protéger contre la pluie et le froid, et des aliments chauds; la Caisse des Ecoles pourrait aussi les faire venir à l'école, en payant aux parents les quelques sous que gagnent çà et là, chaque jour, ces enfants livrés au vagabondage, à la mendicité ou à un travail prématuré. Ce serait l'œuvre du *Rachat des petits écoliers.* »

Pour encourager les premières créations de Caisses des Ecoles, le Ministre ouvrit toutes grandes les colonnes du *Bulletin Officiel du Ministère de l'Instruction publique* aux généreuses initiatives; les faits intéressants pouvant avoir rapport à cette œuvre étaient notés avec soin. Toute création nouvelle y était publiée.

Le *Bulletin Administratif* de 1867 contient une statistique des Caisses créées au mois d'octobre de ladite année, en exécution de la loi du 10 avril 1867. Voici comment elles se décomposent par départements :

Loir-et-Cher...........	14
Lot-et-Garonne..........	2
Moselle.................	7
Nord....................	1 (Hazebrouk)
Sarthe..................	5
Haute-Savoie............	8
Seine...................	2
Seine-et-Oise...........	2
Vendée..................	3
Vosges..................	30
Au total...........	74

Dans ce dernier département, il existait une Caisse

cantonale dans tous les cantons, ce qui était un événement unique en 1867.

Cet heureux résultat était dû au zèle infatigable d'un inspecteur d'Académie, M. Malgras.

Pour récompenser les fondateurs de ces 74 premières Caisses, le Ministre leur accorda une subvention égale au dixième de leurs souscriptions respectives, ainsi qu'il l'avait promis dans sa circulaire du 12 mai précédent.

Le *Bulletin Administratif du Ministère de l'Instruction publique* de 1867 contient la relation d'une initiative digne de tous les éloges; il s'agit du Conseil Municipal d'Herblay (Seine-et-Oise).

« Après avoir fondé une Caisse des Ecoles, conformément à la loi du 10 avril 1867, le Conseil Municipal de ladite commune décida en la même année que lors de chaque mariage célébré à la Mairie, un appel serait adressé aux nouveaux époux, à leurs parents, à leurs invités, en faveur de la Caisse des Ecoles.

La première application de cette règle eut lieu le 26 octobre 1867, à l'occasion du mariage de l'instituteur et de l'institutrice; la quête produisit la somme de 46 fr. » (1).

Dans la commune de Vaux-les-Mouzon (Ardennes), la Municipalité avait fait établir un tronc dans la salle de la Mairie pour la Caisse des Ecoles; à l'occasion des mariages, on sollicitait également, en faveur de cette œuvre, la générosité des nouveaux mariés.

Le même *Bulletin* mentionnait encore un bel exemple

(1) Pour la commune de Vire où cette coutume s'est maintenue, les quêtes aux mariages ont produit en 1903 la somme de 537 fr. 35.

à suivre pour les administrateurs des Caisses des Ecoles; nous tenons à le rapporter, pour montrer qu'avec des ressources modiques et un dévouement éclairé, on peut réaliser des prodiges d'économie. Il s'agit de la Caisse de Buc (Seine-et-Oise) :

« En 1868, pour la troisième année, un déjeuner complet était donné chaque jour l'hiver aux enfants nécessiteux de l'école de Buc.

« Ce déjeuner, servi à onze heures, du 4 janvier au 6 mars, se composait de bœuf, légumes et pain à discrétion.

« Vingt-quatre enfants y prenaient part.

« Les dépenses atteignirent un prix de 196 fr. 60, soit :

Bois	36 fr.	
Pain	64	25
Viande	62	50
Haricots, beurre	20	75
Autres légumes	13	10
Au total	196 fr. 60 »	

Le *Bulletin* ne manquait pas de faire ressortir l'excellence de ce mode d'emploi des fonds de la Caisse des Ecoles.

« Avec cette somme, l'instituteur a pu donner 1,104 déjeuners, soit une dépense de 0 fr. 178 par déjeuner. Cette œuvre était assurée, les dames charitables, qui se faisaient les dévouées zélatrices de cette œuvre, étaient satisfaites de voir leurs aumônes profiter sous leurs yeux aux enfants pauvres et de constater par elles-mêmes le bien que l'institution produit autour d'elles. »

La salle d'asile de Vire donnait des repas à 60 et 80 enfants, distribuait 125 blouses, 150 bonnets, 40 pantalons, 35 robes, 30 paletots, 75 paires de bas, pour une somme totale de 2,500 fr., comprenant vêtements et nourriture. Ces exemples ne manquaient pas de susciter une noble émulation.

Entre temps le Ministre adressait à la date du 7 octobre 1868 de nouvelles recommandations aux préfets, ainsi qu'un projet de budget, sous forme de tableau, que nous reproduisons ci-contre :

DÉPARTEMENT
de.......................................
ARRONDISSEMENT
de.......................................
CANTON
de.......................................
COMMUNE
de.......................................

BUDGET
De la Caisse des Ecoles
et des Cours d'Adultes
pour l'année 1869

TITRE Ier

Ressources.

Désignation des ressources	Montant		Observations
	Fr.	C	
1° Ressources ordinaires			Les allocations ou souscriptions pour la Caisse des Ecoles peuvent être votées ou accordées avec affectation spéciale à une dépense déterminée.
Ressources votées par le Conseil Municipal....................	....	....	
Ressources votées par le Bureau de Bienfaisance	....	....	
Ressources votées par les Sociétés libres d'instruction populaire	....	....	
Revenus des dons et legs	....	....	
Souscriptions........................	....	....	
Rentes et placements divers ...	....	....	
Sommes versées à la Mairie par les nouveaux époux à l'occasion de leur mariage..........	....	....	
Fonds libres restés sur l'exercice précédent.	....	....	
Total...............	....	....	

TITRE II

Dépenses.

Désignation des dépenses	Montant		Observations
Vêtements pour les élèves afin de faciliter la fréquentation de l'école	....	....	
Soupes ou aliments pour repas des élèves	....	....	
Achat de fournitures pour les travaux d'aiguille, distributions de prix et récompenses scolaires	....	....	
Encouragement aux cours d'adultes	....	....	
Achat d'objets mobiliers classiques, livres pour bibliothèques scolaires.	....	....	
Dépenses extraordinaires	....	....	
Total	....	....	
Total des recettes	....	....	
Total des dépenses	....	....	
Balance	....	....	

On pourrait croire que entourées de la plus entière sollicitude des pouvoirs publics, jointe à une large publicité faite autour d'elles, les Caisses des Ecoles allaient se multiplier et que, de toutes parts, des créations nouvelles allaient répondre au vœu du législateur de 1867.

La vérité est tout autre.

La Caisse des Ecoles eut d'humbles débuts et ne fit que des progrès assez lents; en 1868, on comptait seulement 203 de ces Caisses.

La propagande n'avait eu réellement de succès qu'à Paris et dans sa banlieue et aussi dans quelques départements de l'Est, notamment les Vosges, où chaque canton possédait une Caisse cantonale, et les Ardennes qui, en avril 1869, comptaient 131 Caisses, tenant à cet égard le premier rang de tous les départements.

Les événements de 1870 désorganisèrent un grand nombre de Caisses et ralentirent encore le mouvement de progression des créations. Pendant dix ans, l'institution demeura presque stationnaire.

En 1878, on relève 639 Caisses et encore, parmi ce nombre, 511 seulement avaient réellement fonctionné.

Ce nombre s'élève en 1880 à 928; en 1881 à 2,845 (1).

Telle était la situation au moment de la promulgation de la loi du 28 mars 1882 qui vint prescrire la création obligatoire d'une Caisse des Ecoles dans toutes les communes de France.

(1) Voir la *Revue pédagogique* de 1893, p. 320.

CHAPITRE III

Loi du 28 mars 1882.

Le Ministre de l'Instruction publique, qui était alors M. Jules Ferry, pensa que les Caisses des Ecoles risquaient de demeurer une institution stérile, si leur création était laissée à la libre appréciation des Conseils Municipaux et à la charge exclusive des communes et de leurs bienfaiteurs.

Il songea à les rendre obligatoires, et justifiait en ces termes dans son exposé des motifs de la loi qui devait être celle du 28 mars 1882, la disposition qui faisait pour toute commune une obligation de créer une Caisse des Ecoles :

« Pour faire entrer l'obligation dans les mœurs et dans la pratique, nous comptons sur deux institutions, sans l'action desquelles la loi serait lettre morte : l'une, toute nouvelle, la Commission scolaire; l'autre, déjà ancienne dans bon nombre de communes, mais qui, de facultative, deviendra obligatoire, la Caisse des Ecoles. Elles aideront à lutter efficacement contre les deux grandes causes du mal : la négligence et la misère.

En général, dans les divers projets de loi rédigés sur cette matière et même dans certaines législations étrangères, on semble s'être préoccupé plus du mauvais vouloir et de l'obstination de certaines familles que des difficultés réelles qui résultent pour beaucoup d'autres de leur situation de fortune; ces difficultés, nulle pénalité ne les fera disparaître. Nous sommes, au contraire, disposés à croire que les cas de résistance aveugle, opiniâtre et systématique, deviendront bientôt assez rares dans notre pays; mais la loi s'exécutera d'autant plus aisément que les familles seront témoins des efforts faits par les communes et par l'Etat pour faciliter aux pauvres l'accomplissement du devoir scolaire. C'est l'œuvre féconde entre toutes des Caisses des Ecoles qui, par des secours de toute nature, contribuera le plus, pensons-nous, à assurer dans la pratique l'assidue fréquentation.

En vous demandant d'en rendre partout l'établissement obligatoire, nous ne vous proposons que de généraliser une institution dont les bienfaits ne sont pas contestés. Depuis plusieurs années, le Parlement inscrit au budget un crédit spécial pour cet objet; l'art. 10 du projet de loi propose de garantir aux communes les plus pauvres une part de subvention proportionnelle à leurs efforts.

La distribution des secours dont la Caisse disposera se fera par les soins de la Commission scolaire. Il nous a semblé que la réunion de ces deux sortes d'attributions rendrait plus faciles à la Commission scolaire l'acceptation et l'exécution sérieuse de ce mandat.

Si, d'une part, c'est un tribunal de famille qui exhorte, réprimande et, au besoin, défère à une justice plus rigoureuse les parents récalcitrants, c'est, en même temps, un Comité de patronage et d'assistance, qui, informé des besoins et des situations, a qualité pour y porter remède, autant que le permettent les ressources de la Caisse.

Le Parlement est entré dans cette voie. L'art. 17 de la loi du 28 mars 1882 est ainsi conçu :

« La Caisse des Ecoles instituée par l'art. 15 de la loi du 10 avril 1867 sera établie dans toutes les communes.

Dans les communes subventionnées dont le centime n'excède pas 30 fr., la Caisse aura droit, sur le crédit ouvert pour cet objet au Ministère de l'Instruction publique, à une subvention au moins égale au montant des subventions communales.

La répartition des secours se fera par les soins de la Commission scolaire. »

Au lendemain même de cette loi, le Ministre s'empressa d'envoyer aux préfets des instructions pour la nomination des membres des Commissions scolaires et pour la création des Caisses des Ecoles. Voici comment il s'exprime à l'égard de ces dernières :

« Aux termes de l'article 17, il doit être établi une Caisse des Ecoles dans chaque commune.

C'est surtout avec l'obligation de l'instruction publique que cette utile institution est appelée à porter tous ses fruits et à faciliter la fréquentation régulière de l'école par des secours aux enfants indigents, par la fourniture d'aliments chauds en hiver, de vêtements et de chaussures, par le don de livres de classe, papier, etc.

Je vous envoie un modèle de statuts qui pourra servir

de guide dans les communes non encore dotées d'une Caisse d'Ecole.

Il est bien entendu que pour la rédaction de ces statuts toute latitude est laissée aux conseils municipaux, qui sont les meilleurs juges des services à rendre par la Caisse de l'Ecole, eu égard aux besoins particuliers de la localité et, par suite, de l'organisation qu'il convient de lui donner.

Il conviendra d'inviter les maires à faire prendre dans la session de mai une délibération portant création de cette Caisse et à proposer l'inscription au budget additionnel de 1882 et le vote au budget de 1883 d'une subvention. »

La loi nouvelle dispose que, dans les communes subventionnées dont le centime n'excède pas 30 fr., la Caisse aura droit, sur le crédit ouvert pour cet objet au Ministère de l'Instruction publique, à une subvention au moins égale au montant des subventions communales.

Les statuts non imposés, mais simplement proposés par le ministre, étaient ainsi libellés :

« Article premier. — Une Caisse des Ecoles est instituée à..... en exécution de l'art. 17 de la loi du 28 mars 1882. Elle a pour but de faciliter la fréquentation des classes par des récompenses sous forme de livres utiles et livrets de Caisse d'Epargne aux élèves les plus appliqués et par des secours aux élèves indigents ou peu aisés, soit en leur donnant les livres et fournitures qu'ils ne pourraient se procurer, soit en leur distribuant des vêtements et des chaussures et, pendant l'hiver, des aliments chauds.

Art. 2. — Les ressources de la Caisse se composent :

1° Des subventions qu'elle pourra recevoir de la commune, du département ou de l'Etat;

2° Des fondations ou souscriptions particulières;

3° Du produit des dons, legs, quêtes, fêtes de bienfaisance, etc.;

4° Des dons en nature, tels que livres, objets de papeterie, vêtements, denrées alimentaires.

Art. 3. — La Société de la Caisse des Ecoles comprend des membres fondateurs et des membres souscripteurs.

Art. 4. — Le titre de *fondateur* de la Caisse des Ecoles sera acquis par un versement minimum de fr., une fois payés, ou de annuités de fr. chacune.

Art. 5. — Le titre de *souscripteur* résultera d'un versement annuel de francs au minimum.

Art. 6. — La Caisse des Ecoles est administrée par un Comité composé des membres de la Commission scolaire locale et de autres membres élus pour une période de ans, par l'assemblée générale des sociétaires et rééligibles.

Ce Comité, présidé par le Maire, élit chaque année un vice-président, un secrétaire et un trésorier.

Il pourra s'adjoindre, en nombre indéterminé, des dames patronnesses.

Art. 7. — Toutes les fonctions du Comité de la Caisse des Ecoles sont essentiellement gratuites.

Art. 8. — Le Comité arrête, chaque année, le budget des dépenses de la Caisse des Ecoles et règle l'emploi des fonds disponibles. Il détermine la somme que le trésorier conservera pour les dépenses présumées de l'année, le surplus devant être placé sur l'Etat en rentes 3 % amortissables.

Art. 9. — Le Comité se réunit au moins trois fois par an, savoir : dans le mois qui suit la rentrée des classes, dans celui qui précède Pâques, et dans le mois qui précède l'ouverture des vacances. Il se réunit plus souvent, si le Président le juge nécessaire, ou si cinq de ses membres en font, par écrit, la demande.

Art. 10. — Le Comité aura la faculté de convoquer à ses réunions l'instituteur, l'institutrice et la directrice de l'école maternelle, mais ces fonctionnaires n'auront que voix consultative.

Art. 11. — Dans l'intervalle des réunions du Comité, les mesures urgentes peuvent être prises, sauf à en référer au Comité lors de sa première séance, par le bureau dudit Comité.

Art. 12. — Aucune dépense ne peut être acquittée par le trésorier qu'en vertu d'un bon signé du président et du secrétaire.

Art. 13. — Dans une Assemblée générale annuelle des Sociétaires, il est rendu compte des travaux du Comité et de la situation financière de l'œuvre. Une copie de ce compte rendu est transmise à M. l'Inspecteur d'Académie.

Art. 14. — Aucune modification aux présents statuts ne pourra avoir lieu sans l'approbation de l'autorité préfectorale. »

Le Ministre n'ignorait pas que le formalisme exagéré

paralysant les meilleures initiatives, il vaut mieux laisser agir les Caisses suivant les inspirations de leurs fondateurs et de leurs Conseils d'administration, que de leur faire subir le poids d'une tutelle gênante et vexatoire.

Aussi, ne se faisait-il pas faute de rappeler à l'ordre les Préfets, lorsque ceux-ci prétendaient se réserver le droit de régler définitivement le budget des Caisses des Ecoles, comme ils réglaient ceux des communes.

Le Ministre leur faisait observer avec raison qu'il importait de simplifier autant que possible les rouages et que les Comités devaient être entièrement libres de régler leur budget comme ils l'entendraient. « Votre droit de contrôle, ajoutait-il, s'exerce par l'examen du compte rendu financier qui doit vous être adressé annuellement. »

Le même souci de liberté, au sein des Comités d'Administration des Caisses des Ecoles, avait déjà, en 1868, dicté la réponse du Ministre, en ce qui concerne le choix du trésorier.

Une difficulté s'était élevée dans plusieurs communes où les Caisses des Ecoles existaient depuis longtemps déjà lors de la promulgation de la loi du 28 mars 1882.

La répartition des secours était opérée dans les Caisses créées en vertu de la loi du 10 avril 1867 par le Comité de ces Caisses.

Dans la loi de 1882, au contraire, la répartition se faisait par les soins de la Commission scolaire.

Qu'allait-il advenir si la Commission scolaire, en vertu de l'art. 17 de la loi nouvelle, revendiquait pour elle seule le droit de répartir les secours?

Consulté à ce sujet, le Ministre répondit que la loi du 28 mars 1882 n'avait pas eu pour but de modifier les situations acquises en vertu de la loi du 10 avril 1867; que là où des Caisses d'Ecoles avaient été créées sous l'empire de cette dernière loi, elles continueraient à jouir de toutes leurs prérogatives, notamment du droit de répartir les secours.

« S'il est rationnel, disait le Ministre, de confier exclusivement la distribution des secours aux membres des Commissions scolaires, lorsqu'il s'agit d'une Caisse créée en vertu de la loi de 1882, on risquerait de provoquer la ruine de l'institution en imposant cette règle d'une façon absolue quand on se trouve en présence d'une organisation antérieure à ladite loi.

Dans cette hypothèse, si le Comité de la Caisse des Ecoles ne juge pas utile de faire entrer dans son sein les membres des Commissions scolaires, il n'y a pas d'autre moyen de concilier les divers intérêts en cause que d'adopter le *modus vivendi* suivant :

Toutes les fois que les enfants ne fréquenteront pas l'école parce qu'ils manquent de vêtements, de chaussures, de livres, et qu'un secours sera jugé nécessaire, la Commission scolaire signalera le fait au Comité de la Caisse des Ecoles qui n'hésitera pas à faire droit à la demande de la Commission scolaire. »

Il ressort des déclarations du Ministre que la situation des Caisses des Ecoles se trouve bien modifiée selon que leur création est antérieure ou postérieure à 1882.

Dans le premier cas, elles peuvent, en vertu de la théorie des droits acquis, conserver leur organisation autonome sous le contrôle bienveillant de la Commission scolaire qui traduira son intervention par de simples conseils, aussitôt suivis, du moins le Ministre l'espère, par les Comités desdites Caisses.

Dans le second, il n'y a plus de ménagements à garder pour les Comités d'administration des Caisses des Ecoles; ils voient leurs attributions échoir sans réserves aux Commissions scolaires, qui distribuent en leur lieu et place les secours et récompenses.

Cette situation créée par la loi du 28 mars 1882 que le Ministre n'a fait que rappeler a soulevé de vives critiques.

M. Beurdeley, notamment (1), tout en se félicitant de la manière de voir du ministre en ce qui concerne les Caisses des Ecoles créées avant la loi du 28 mars 1882, se déclare hostile à toute ingérence directe des Commissions scolaires dans l'administration des Caisses créées postérieurement à cette loi.

Il rappelle la résistance qu'avaient opposé plusieurs Caisses pour maintenir leur indépendance à l'égard desdites Commissions et approuve leur manière d'agir.

« Si certaines Caisses ont résisté et défendu énergiquement leur droit de distribuer des libéralités, leur résistance était légitime; elles sont autonomes, elles obéissent à leurs statuts et peuvent repousser toute ingérence.

Leurs fonds constituent une propriété intangible, dont la gestion leur est réservée; il est trop clair que la

(1) *Revue Politique et Parlementaire*, 1896, tome IX : Les Caisses des Ecoles et leur situation légale.

loi de 1882 n'a pas prétendu porter atteinte à la propriété des Caisses des Ecoles qui existaient avant sa promulgation, ni régler l'administration de cette propriété.

Leurs Comités doivent donc conserver la libre disposition de leurs capitaux et de leurs revenus. Agir autrement serait prononcer contre les Caisses préexistant à la loi de 1882 une expropriation arbitraire. »

En ce qui concerne les Caisses des Ecoles créées postérieurement à cette loi, elles doivent, selon M. Beurdeley, être gérées également par leurs Comités d'administration. Il ne saurait être question de substituer à ces derniers dans la distribution des secours et récompenses les Commissions scolaires, comme paraît l'exiger le Ministre et l'art. 17 *in fine* de la loi de 1882 auquel il se réfère.

Qu'on leur accorde un droit de contrôle sur ces distributions, soit; mais on ne saurait, sans nuire gravement au succès des Caisses des Ecoles et atteindre les sources de leur prospérité, exagérer l'importance des Commissions scolaires au point de leur faire outrepasser ce droit de contrôle. Il va plus loin :

« Sans doute, il faut louer la loi de 1882 d'avoir, en créant des Caisses des Ecoles officielles et obligatoires, réglé en même temps leur liberté d'action, indiqué le mode d'emploi et la répartition des fonds provenant en partie des subventions de l'Etat ou de la commune, mais on ne saurait s'élever avec trop d'énergie contre la prétention qui viendrait à être admise d'imposer les membres des Commissions scolaires comme membres de droit des Caisses des Ecoles; leur présence parmi les membres des Comités desdites Caisses est désirable, non obligatoire. »

L'accord s'est fait entre les deux Commissions rivales. Les Comités des Caisses des Ecoles ont continué à distribuer les secours, mais en tenant compte des indications des Commissions scolaires.

Situation des Caisses des Ecoles après la loi du 28 mars 1882.

La loi de 1882 provoqua un véritable enthousiasme pour les Caisses des Ecoles. Celles-ci prirent un rapide essor qui avait pour causes principales, d'une part, l'obligation imposée à chaque commune de créer une Caisse des Ecoles, et, de l'autre, la promesse ferme, insérée dans l'art. 17 de la loi, d'une subvention pour toute commune dont le centime était inférieur à 30 fr.

La statistique officielle du Ministère de l'Instruction publique, publiée en 1882, accuse une augmentation considérable du nombre des Caisses des Ecoles : on y relève à cette date 16,207 Caisses contre 2,845 existant en 1881.

Malheureusement, ce mouvement de progression ne s'étendit pas autant qu'on eût pu le désirer; à l'enthousiasme des premiers jours, succéda l'indifférence et même, pourrait-on ajouter, une sensation de profond découragement.

L'augmentation du nombre des Caisses des Ecoles

s'est produite avec une rapidité satisfaisante au lendemain seulement de la loi de 1882, pour devenir presque nulle dans les années qui l'ont suivie. Il suffit, pour s'en convaincre, de rappeler que, de 1882 à 1887, le nombre des Caisses des Ecoles ne s'est accru que de quelques centaines seulement, exactement de 16,207 en 1882, à 16,954 en 1887; soit à peine 150 unités nouvelles par an.

Il n'est pas sans intérêt de rechercher les causes de cet arrêt subit de la progression du nombre des Caisses des Ecoles, laissant même entrevoir un léger recul.

M. Cadet (1) nous en donne l'explication sous une forme animée, d'après M. A. Piche, ancien Président de la Société d'Education et d'Instruction Populaire des Basses-Pyrénées.

« Il était facile à nos législateurs d'ouvrir d'un seul coup de plume 36,117 Caisses. Il était plus difficile de les remplir.

Si on songe que, sur ce nombre de communes, 27,503 n'ont pas 1,000 habitants et que, 16,900 sont au-dessous de 500; si on réfléchit que, dans une commune rurale de 500 âmes, il y a tout au plus une centaine de familles pour alimenter le maigre budget communal, on ne s'étonnera guère que bon nombre de Caisses des Ecoles soient restées bouche béante, estomac vide. Il y a d'ailleurs, dans ces petites communes, plus de pauvreté que de misère.

(1) *Monographies pédagogiques publiées à l'occasion de l'Exposition universelle de 1889*, t. V.

C'est déjà un beau mouvement que 17,774 Conseils Municipaux aient voté une subvention pour la Caisse des Ecoles et que, dans les villes, il se soit rencontré tant d'hommes dévoués pour créer des Sociétés du Sou des Ecoles, destinées à grossir les ressources insuffisantes du budget municipal.

Mais pourquoi plusieurs Caisses se sont-elles fermées après plusieurs années d'existence?

Nous voyons à cela deux raisons dont la seconde est majeure.

Au nouveau tout est beau ! dit le proverbe. N'était-il pas tout naturel qu'on s'efforçât de fonder une Caisse dans un premier élan de générosité, avant même de savoir si l'on pourrait l'entretenir et si elle rendrait des services en proportion des sacrifices exigés?

Mais, ce qui a dû refroidir surtout le zèle des Municipalités, c'est que nos législateurs n'ont pas tenu leurs promesses.

Par l'art. 17 de la loi du 28 mars 1882, ils avaient déclaré que, dans les communes subventionnées dont le centime n'excède pas 30 fr., la Caisse *aurait droit* sur le crédit ouvert pour cet objet au Ministère de l'Instruction publique, à une *subvention au moins égale* au montant des subventions communales, et, fermant les mains après avoir ouvert la bouche, ils n'inscrivaient, chaque année, au budget, qu'un crédit de 100,000 fr., absolument insuffisant pour faire face à cette dépense.

Or, tel Conseil qui consentait à donner un œuf pour en avoir deux, pense, tout comme l'Etat, que les temps sont durs pour les pauvres contribuables et qu'on doit serrer les cordons du budget en attendant des récoltes meilleures. »

On ne peut faire plus finement la critique de la loi de 1882.

Les rapports adressés chaque année au Ministre de l'Instruction publique par les Inspecteurs d'Académie étaient remplis de doléances sur la situation des Caisses des Ecoles dans leurs ressorts respectifs. Voici pour l'année 1887-1888, des extraits de quelques-uns de ces rapports.

« Au début, les communes comptant sur le concours de l'Etat, un certain élan avait été donné à cette institution, mais ce concours n'étant donné qu'aux communes dont le centime n'excède pas 30 fr., un grand nombre n'ont rien reçu et n'ont plus fonctionné.

Il en reste 95 dans le département.

(*Cher.*)

La Caisse des Ecoles, instituée par la loi du 28 mars 1882, pour favoriser la fréquentation, n'existe que dans un très petit nombre de communes.

(*Maine-et-Loire.*)

Le nombre des Caisses des Ecoles a diminué de 4 et les recettes ont diminué de 6,220 fr. 82.

(*Yonne.*)

Dans la Seine-Inférieure, 200 communes sur 759 que compte le département, étaient restées sourdes aux appels de la loi de 1882 et n'avaient pas créé de Caisses des Ecoles.

Dans la Vendée, le recul est assez sensible, 143 Caisses seulement existent en 1887, contre 155 en 1886.

Malgré les prescriptions de la loi on se borne à suivre les errements du temps passé et à ne fournir aux indigents que les fournitures classiques indispensables.

L'Inspecteur d'Académie de la Meurthe-et-Moselle se plaint du manque d'élasticité des ressources des Caisses de son département; il fait un reproche à ces Caisses de ne pas utiliser toutes leurs ressources et de posséder un reliquat trop élevé, en comparaison des dépenses faites.

Les rapports de l'Inspection Académique des Bouches-du-Rhône et de la Dordogne expriment les mêmes doléances, ajoutant que le découragement s'empare des membres participants des Caisses de ces départements.

La Lozère ne comptait en 1887 que 12 Caisses fonctionnant normalement. Le Doubs voyait, à cette époque, beaucoup de ses Caisses se fermer : 191 seulement existaient en 1887. Le Cantal, à la même époque, n'en comptait que 60, possédant une somme de 4,302 fr. 40; même recul dans la Loire-Inférieure, qui ne compte plus alors que 102 Caisses. Dans l'Orne, le nombre des Caisses augmentait de 11, mais les ressources, par contre, diminuaient de 2,060 fr. 35.

La ville d'Alençon possédait à elle seule plus de 9,000 francs pour sa Caisse des Ecoles; aussi, fait remarquer le rapport, cette Caisse est-elle la seule qui distribue des vêtements. Les autres ne distribuent que des fournitures classiques; quelques-unes cependant donnent des récompenses aux élèves méritants à la fin de l'année.

Le rapport établi pour ce département constate une fois de plus que l'art. 17 de la loi du 28 mars 1882, établissant l'obligation pour chaque commune de créer une Caisse des Ecoles, n'a pu recevoir son application dans bon nombre de localités, faute de ressources pour en assurer le fonctionnement.

L'Etat s'était engagé à aider les Caisses naissantes, sans prendre les moyens qui auraient dû être la conséquence de cet engagement.

Les subventions mises à la disposition du Ministre de l'Instruction publique en faveur des Caisses des Ecoles étaient trop faibles pour donner des résultats appréciables, c'est ce que nous démontrerons dans le prochain chapitre.

CHAPITRE IV

Subventions aux Caisses des Ecoles.

Dès le lendemain de la loi du 10 avril 1867, créatrice des Caisses des Ecoles, M. Duruy, soucieux d'encourager et de soutenir leurs débuts, promit de subventionner ces Caisses au fur et à mesure de leur création dans une proportion égale au dixième des souscriptions consenties en leur faveur.

Cette promesse fut réalisée à la fin d'octobre de l'année 1867, ainsi que nous l'avons mentionné précédemment, en faveur des 74 premières Caisses créées à cette date en exécution de la loi précitée.

Un arrêté ministériel du 23 septembre 1881 vint modifier le principe de cette subvention. Il y était déclaré notamment : « Le crédit inscrit au budget du Ministère de l'Instruction publique, chapitre 35, art. 2, § 8, sera réparti d'après les règles suivantes :

Toute commune subventionnée pour l'instruction primaire, qui créera une Caisse des Ecoles conformément aux dispositions de l'art. 15 de la loi du 10 avril 1867, recevra en faveur de cette Caisse, si elle en fait la demande, une allocation de l'Etat, qui ne pourra en aucun cas dépasser 300 fr., mais qui, jusqu'à concurrence de ce chiffre, sera égale à la somme que la commune aura elle-même inscrite à son budget au profit de la Caisse des Ecoles.

Cette règle sera observée jusqu'à épuisement des crédits inscrits au budget de l'Etat. En cas d'insuffisance des crédits, la répartition sera faite en suivant l'ordre où les demandes seront parvenues au Ministère de l'Instruction Publique. »

Ces subventions provoquaient des créations nombreuses de Caisses des Ecoles et des souscriptions dont le but n'était pas toujours désintéressé.

Il arrivait souvent que des communes spéculaient sur les dispositions des circulaires ministérielles pour accroître leur budget propre.

Elles votaient une subvention quelconque avec affectation spéciale aux Caisses des Ecoles, puis obtenaient par ce moyen une subvention de l'Etat.

Ce dernier résultat était seul recherché; une fois la subvention obtenue, il n'était plus question d'en affecter le montant à la Caisse des Ecoles.

Une partie des fonds votés dans le but d'obtenir la subvention et souvent la subvention elle-même formait un disponible pouvant servir à des dépenses de toute nature.

Cette pratique était devenue courante. Le Ministre s'en émut et dut, par une circulaire du 5 octobre 1886, indiquer les mesures à prendre pour mettre fin à cette manière d'agir dans laquelle, selon son expression, il y avait plus qu'une irrégularité (1).

(1) *Bull. administratif de l'Instruction publique*, 1886, p. 611.

Il recommande aux préfets de ne comprendre dans leurs états de propositions que les communes qui auront justifié pour l'année précédente de l'emploi régulier des fonds communaux votés pour la Caisse des Ecoles et de ceux que l'Etat aura alloués.

Nous avons vu que la loi du 28 mars 1882, aux termes de son art. 17, garantissait aux communes dont le centime était inférieur à 30 fr., une somme égale au montant de leurs souscriptions.

Nous connaissons les critiques adressées à la loi de 1882 par M. Cadet du fait de cette obligation toute théorique et dépourvue de sanction, faute de crédits suffisants pour en assurer l'exécution.

Résumant son étude sur les Caisses des Ecoles, M. Cadet se demande quels moyens seraient susceptibles de leur donner un nouvel essor; sa conclusion est la suivante :

« Il n'y en a pas d'autre, selon nous, qu'une modification de l'art. 17 de la loi du 28 mars 1882... Il serait nécessaire de supprimer pour l'Etat l'obligation de subventionner dans une proportion déterminée les communes d'une catégorie spéciale.

Cette obligation, il est dans l'impuissance de la remplir et alors même qu'il pourrait la remplir entièrement, il n'est pas démontré que cet éparpillement infinitésimal de ses ressources soit le meilleur mode de répartition.

C'est surtout dans les communes dont le centime est supérieur à 30 fr. qu'il y a une population scolaire plus nombreuse et que la Caisse des Ecoles a sa raison d'être.

Or, actuellement, l'Etat ne fait rien ou à peu près rien pour les Caisses de ces communes.

La distinction du législateur aboutit à un résultat qu'il n'avait pas prévu.

Elle doit disparaître : que le crédit de 100,000 fr. soit distribué entre toutes les Caisses qui fonctionnent utilement et qui ont besoin d'être soutenues, que cette distribution se fasse, non pas annuellement, puisque l'insuffisance du crédit s'y opposerait, mais par intervalles aussi rapprochés que possible, non pas en vertu d'un droit pour les communes d'y participer, mais en raison des sacrifices et des besoins de chacune d'elles, alors on verra l'institution qui semble aujourd'hui péricliter reprendre un nouvel essor. »

Ce vœu ne devait pas tarder à recevoir sa réalisation : Une loi du 19 juillet 1889 vint par son art. 54 supprimer l'àrticle incriminé avec une obligation que l'Etat n'a jamais pu remplir exactement.

La circulaire du Ministre de l'Instruction publique du 27 juillet 1889 s'inspire des idées exprimées ci-dessus : « Messieurs les Préfets..... Vos propositions comprendront donc désormais les Caisses des Ecoles qui ont le plus de titres à un subside, sans distinction entre les communes dont le centime est inférieur ou supérieur à 30 fr.

Vos propositions transmises en double seront appuyées des justifications et renseignements nécessaires et les encouragements de l'Etat seront ainsi accordés dans la limite des fonds dont je disposerai, non plus en vertu d'un droit pour la commune d'y prétendre, mais en raison de ses sacrifices, de ses besoins et de l'emploi judicieux des ressources spéciales de sa Caisse des Ecoles.

Ce nouveau mode donnera, je l'espère, le moyen de faire prendre un nouvel essor à une institution qu'il y a tant de motifs de soutenir et qui, contrairement à la prévision du législateur, avait subi un temps d'arrêt du fait même de la disposition abrogée. »

Cette préoccupation du Ministre se retrouve dans une circulaire du 2 mai 1890; il insiste pour que les subventions aillent aux Caisses méritantes et pour qu'aucune proposition de secours ne soit faite qu'en faveur des Caisses pouvant justifier d'un emploi régulier des fonds pour le précédent exercice.

Elles devaient fournir cette justification au moyen d'un budget dont le modèle était joint à la circulaire et qui devait servir à justifier la gestion des différentes Caisses. Nous le reproduisons ci-contre :

DEPARTEMENT
de........

CAISSE DES ECOLES DE.....................

Population de la commune
Nombre d'écoles
— d'élèves
— d'élèves indigents

Budget de l'année précédente.

Ressources.		Emploi.	
1° Restant en caisse de l'année précédente..........		1° Fournitures scolaires aux indigents................	
2° Allocation de la commune		2° Fournitures de vêtements aux indigents...........	
3° Ressources diverses, souscriptions, quêtes, fêtes, legs.		3° Fournitures d'aliments aux indigents.	
4° Subventions du département		4° Fournitures scolaires aux autres élèves............	
5° Subventions de l'Etat......		5° Prix	
	—		—
Total............		Total.............	

Budget de l'année courante.

Ressources.		Dépenses prévues.	
1° Restant de l'année précédente.		1° Fournitures scolaires aux indigents	
2° Allocation de la commune		2° Fournitures de vêtements aux indigents...........	
3° Ressources diverses, souscriptions, quêtes, legs....		3° Fournitures d'aliments aux indigents...........	
4° Subvention du département.		4° Fournitures scolaires aux autres élèves............	
5° Subvention à demander à l'Etat.		5° Prix	
	—		—
Total............		Total.............	

Motifs à l'appui de la demande de subvention.

A *le* 189

Le Préfet,

Il est arrivé même que des communes ont pu, sans créer de Caisse d'Ecole, participer aux subventions accordées en faveur de ces Caisses.

Elles ouvraient à leur budget un crédit intitulé : « Subvention à la Caisse des Ecoles, » alors que cette institution ne fonctionnait pas régulièrement et n'avait parfois même jamais été créée, et fortes de cette première subvention, elles adressaient au Ministre de l'Instruction publique une demande de secours qui, étant donnée l'ignorance où se trouvait le Ministre, concernant l'existence ou l'inexistence d'une Caisse des Ecoles dans ces communes, était quelquefois accueillie favorablement. Il arrivait souvent que la subvention était versée à l'instituteur sans autre justification.

Le Ministre eut connaissance de cette pratique, qui arrivait, en fait, à éluder l'application de la loi de 1882, en accordant des faveurs budgétaires à des communes qui ne s'étaient pas mises en règle avec les dispositions de cette loi relatives à l'obligation pour chaque commune de créer une Caisse d'Ecole.

Le 7 décembre 1907, M. Briand, qui était alors Ministre de l'Instruction publique, adressa aux Préfets une circulaire proscrivant cet abus d'une façon absolue et leur indiquant les moyens d'en prévenir le retour :

« J'appelle tout spécialement votre attention sur ce point et vous prie à l'avenir, Monsieur le Préfet, de ne comprendre, dans vos propositions, que les communes dans lesquelles la Caisse des Ecoles est constituée et fonctionne régulièrement. Vous voudrez bien, d'ailleurs, mentionner sur le tableau-budget que vous devez fournir à l'appui de chacune de vos propositions, conformément à la circulaire du 2 mai 1890, la date de la décision préfectorale ayant approuvé la délibération du Conseil Municipal portant création de la Caisse des Ecoles. »

Ces sages dispositions n'ont pas réussi à augmenter sensiblement le nombre des Caisses des Ecoles et à donner une nouvelle vitalité aux Caisses déjà créées. La difficulté est surtout d'ordre budgétaire. La subvention mise à la disposition du Ministre de l'Instruction publique n'a jamais varié; elle est toujours de 100,000 fr., en 1910 comme en 1867.

A des besoins nouveaux on n'a pas pu ou pas voulu apporter des ressources nouvelles; aussi ne faut-il pas s'étonner si les Caisses des Ecoles n'ont pas remporté partout les succès que s'étaient promis leurs créateurs et que pouvait faire espérer le dévouement des membres de leurs Comités d'administration, s'il avait été soutenu par des subventions plus importantes.

Pour être logique, en 1882, alors que le principe de l'obligation pour chaque commune d'avoir une Caisse d'Ecole était consacré, il eût fallu prendre des mesures financières en rapport et augmenter la subvention.

Pour assurer l'exécution de l'art. 17 de la loi du 28 mars 1882, et donner aux communes la subvention qui leur était promise, il eût fallu disposer d'une somme plusieurs fois supérieure à celle qui était inscrite au budget.

Le nombre des communes ayant un centime inférieur

à 30 fr. était de 12,000 environ; en supposant une subvention moyenne de 50 fr. par commune, le crédit nécessaire pour allouer le subside promis par l'Etat devait être de 600,000 fr. environ.

Pour être en mesure d'accorder aux 23,700 communes, en chiffres ronds, dont le centime est inférieur à 30 fr., un subside de 100 fr. seulement en moyenne, il aurait fallu de ce chef un crédit de 2,370,000 fr., rien que pour la France continentale, l'Algérie non comprise.

L'état actuel de nos finances publiques ne nous permet pas d'entrevoir une augmentation des crédits mis à la disposition du Ministre de l'Instruction publique en faveur des Caisses des Ecoles. On ne peut que le regretter.

CHAPITRE V

Situation actuelle des Caisses des Ecoles. — Statistique.

Nous connaissons les difficultés de toute nature qui ont entravé le développement des Caisses des Ecoles, après la loi du 28 mars 1882.

La situation de ces Caisses s'est-elle améliorée du moins pendant ces dernières années? Si nous consultons la statistique la plus récente, publiée en 1907 par le Ministère de l'Instruction publique, sous la direction de M. Levasseur (membre de l'Institut), nous constatons dans les états de recettes desdites Caisses une notable augmentation sur les chiffres fournis pour les exercices antérieurs. Les recettes se sont élevées progressivement de 5,108,354 fr. en 1887; à 8,087,771 fr. en 1902, pour atteindre en 1906-1907 un total de 9,045,579 fr. 92.

Malheureusement, le nombre des Caisses a une tendance à demeurer stationnaire; il a même légèrement fléchi, passant de 17,439 Caisses en 1902, à 17,318 en 1907, avec une diminution de 121 unités.

Pour apprécier exactement la situation des Caisses des Ecoles, il ne faut pas oublier que les 17,318 Caisses actuellement existantes ne représentent pas même la moitié des communes de France; 20,000 communes sont restées sourdes aux appels du législateur de 1882.

Si encore ces 17,318 Caisses fonctionnaient régulièrement !

Une étude publiée récemment par le docteur Jacques Bertillon (1), et intitulée : « *Le Mirage des Caisses des Ecoles,* » nous montre la situation réelle de ces Caisses et sa disproportion avec l'importance que lui attribuent les chiffres de la statistique.

« Ce chiffre même de 17,318 Caisses des Ecoles n'est qu'un *trompe-l'œil.* Le chiffre des Caisses ayant une existence véritable est, en réalité, bien inférieur. Dans la grande majorité des cas, ces Caisses existent, si l'on veut, mais elles sont vides ou peu s'en faut; beaucoup d'entre elles ne reçoivent qu'une vingtaine de francs par an, soit 5 à 6 centimes par jour. Voilà bien peu de choses à partager entre les enfants pauvres de la commune ! »

Dans un grand nombre de départements pauvres, là où les Caisses des Ecoles seraient le plus indispensables, elles n'existent que rarement et sont très mal dotées : tels sont les départements bretons, notamment.

Huit départements : la Corse, l'Ille-et-Vilaine, le Lot, le Lot-et-Garonne, le Morbihan, les Hautes-Pyrénées, le Tarn-et-Garonne, la Vendée ont une recette totale inférieure à 10,000 fr., soit 102 fr. par Caisse.

Si nous examinons la manière dont sont réparties les ressources des Caisses des Ecoles, nous trouvons les chiffres suivants :

(1) Le *Journal,* 4 mars 1910.

Moyenne par Caisse parisienne.......... 34,729 fr.
Moyenne par Caisse des départements..... 336 fr.
à raison de 5,811,223 fr. pour 17,281 caisses.

Dans certains départements, la présence de villes importantes relève fallacieusement la moyenne, c'est ce qui se produit notamment pour la Seine, les Bouches-du-Rhône, le Rhône, la Gironde, etc.

En additionnant les recettes des départements ayant des villes de 100,000 habitants, on a 1,874,201 fr. pour 2,604 Caisses, soit 719 fr. par Caisse.

Les recettes des autres départements, 3,967,022 fr., réparties entre 14,677 Caisses, donnent pour chacune d'elles un avoir de 268 fr.

La plupart des communes n'ont point de Caisses d'Ecole; d'autres fournissent des secours qui ne viennent pas des Caisses des Ecoles; elles se bornent à voter un crédit en vue de l'acquisition de livres et fournitures scolaires aux indigents.

Certains départements semblent ignorer complètement cette institution. On peut citer parmi ces derniers les Alpes-Maritimes et la Corse. L'Aveyron, sur 304 communes, ne compte que 49 Caisses des Ecoles; l'Ille-et-Vilaine 73 Caisses, pour 360 communes; le Morbihan, 20; les Hautes-Pyrénées, 22; le Tarn-et-Garonne, 10, etc.

Au contraire, il est consolant de constater les efforts déployés par certains départements : le Loir-et-Cher, notamment, sur 297 communes, 263 Caisses des Ecoles, ayant en moyenne 334 fr.; l'Eure-et-Loir, sur 426 communes, 413 Caisses, ayant en moyenne 231 fr.; le

Maine-et-Loire, sur 381 communes, 295 Caisses, ayant en moyenne 323 fr.; la Somme où *toutes* les communes (excepté deux), et il y en a 836, ont une Caisse des Ecoles, ayant en moyenne, 200 fr., et enfin notre cher département du Haut-Rhin, qui fidèle à la tradition de l'Alsace — autrefois la région la plus instruite de France — possède aussi des Caisses des Ecoles dans presque toutes ses communes.

Nous croyons intéressant de donner ici la dernière statistique publiée par le Ministère de l'Instruction publique. Elle s'applique à l'exercice scolaire 1906-1907.

STATISTIQUE

Numéros d'ordre	DÉPARTEMENTS	CAISSES DES ECOLES			
		Nombre de Caisses	TOTAL des recettes de l'exercice.	TOTAL des dépenses de l'exercice.	Sommes en caisse à la clôture de l'exercice.
			fr. c.	fr. c.	fr. c.
1	Ain	66	21 879 35	14 879 35	10 235 19
2	Aisne	488	176 138 23	138 309 04	46 845 34
3	Allier	16	30 144 93	23 346 43	6 887 35
4	Alpes (Basses)	151	10 577 96	8 365 18	2 212 78
5	Alpes (Hautes)	158	13 200 07	11 224 65	2 065 42
6	Alpes-Maritimes	15	22 807 96	12 448 25	10 359 71
7	Ardèche	134	26 712 00	23 618 09	3 093 81
8	Ardennes	301	80.296 17	62 157 27	18 138 00
9	Ariège	213	17 006 98	15 836 18	1 170 80
10	Aube	391	60 041 67	40 573 47	19 268 60
11	Aude	31	15 958 80	13 511 45	2 447 32
12	Aveyron	40	12 796 27	12 184 15	612 12
13	Bouches-du-Rhône	42	111 008 97	96 759 65	14 249 32
14	Calvados	651	152 094 07	135 482 92	17 511 15
15	Cantal	86	13 256 51	10 290 40	2 966 11
16	Charente	326	46 250 17	38 460 27	7 789 90
17	Charente-Inférieure	171	26 042 74	23 037 30	3 005 44
	A reporter	3,289	836 309 85	670 574 05	168,859,26

Numéros d'ordre	DÉPARTEMENTS	CAISSES DES ÉCOLES									
		Nombre de Caisses	TOTAL						Sommes en caisse à la clôture de l'exercice.		
			des recettes de l'exercice.			des dépenses de l'exercice.					
				fr.	c.		fr.	c.		fr.	c.
	Report	3 289	836	309	85	670	574	05	168	859	26
18	Cher	57	26	026	52	23	145	78	2	880	74
19	Corrèze	36	10	006	16	9	220	33		785	83
20	Corse	53	2	277	85	1	689	15		588	70
21	Côte-d'Or	487	107	865	51	98	135	08	10	315	46
22	Côtes-du-Nord	66	17	752	12	15	937	12	1	815	00
23	Creuse	36	16	838	55	8	978	94	7	859	61
24	Dordogne	119	19	082	28	16	586	62	2	495	66
25	Doubs	111	27	732	37	24	301	03	3	431	04
26	Drôme	267	33	358	83	31	567	30	1	791	53
27	Eure	82	47	493	03	35	072	37	12	420	66
28	Eure-et-Loir	413	113	107	07	95	354	58	17	752	49
29	Finistère	27	18	339	88	16	606	30		733	58
30	Gard	32	38	268	68	30	951	90	8	858	78
31	Garonne (Haute-)	465	117	042	67	109	713	63	7	329	04
32	Gers	138	10	798	55	10	027	25		739	30
33	Gironde	163	80	082	97	71	954	07	8	128	90
34	Hérault	64	91	177	71	82	443	92	8	733	79
35	Ille-et-Vilaine	73	9	813	59	9	188	10		625	49
36	Indre	166	46	180	27	33	387	00	9	793	27
37	Indre-et-Loire	52	37	362	63	30	569	96	6	792	67
38	Isère	288	71	703	17	65	102	35	6	600	82
39	Jura	348	85	142	42	55	251	54	32	937	71
40	Landes	71	11	736	55	10	924	90		811	65
41	Loir-et-Cher	263	107	945	07	88	505	68	19	439	39
42	Loire	23	17	624	46	15	520	19	2	104	27
43	Loire (Haute-)	74	11	214	76	5	573	60	5	641	16
44	Loire-Inférieure	69	50	716	00	49	695	00	1	021	90
45	Loiret	50	44	930	71	40	580	03	4	350	68
46	Lot	196	7	193	95	6	194	25		999	70
47	Lot-et-Garonne	109	9	497	60	8	581	15		916	45
48	Lozère	143	11	811	02	7	503	75	4	307	27
49	Maine-et-Loire	295	98	468	80	95	523	49	2	945	31
50	Manche	402	46	879	72	40	827	18	6	052	54
51	Marne	542	179	673	69	117	475	44	61	956	55
52	Marne (Haute-)	359	30	352	23	25	253	28	5	098	95
53	Mayenne	134	20	469	21	18	802	70	1	666	51
54	Meurthe-et-Moselle	219	34	874	93	29	749	13	16	750	20
55	Meuse	321	32	543	43	23	124	36	9	419	07
56	Morbihan	20	7	816	76	7	518	80		297	96
	A reporter	10 122	2 588	395	50	2 148	059	35	466	098	62

Numéros d'ordre	DÉPARTEMENTS	CAISSES DES ÉCOLES						
		Nombre de Caisses	TOTAL des recettes de l'exercice.		TOTAL des dépenses de l'exercice.		Sommes en caisse à la clôture de l'exercice.	
			fr.	c.	fr.	c.	fr.	c.
	Report......	10 122	2 588 395	50	2 148 050	35	460 098	02
57	Nièvre...............	124	35 091	33	32 219	58	2 871	75
58	Nord.................	176	725 564	15	668 417	94	57 146	21
59	Oise	382	148 478	93	105 665	48	42 805	35
60	Orne	226	40 716	25	38 935	45	1 780	80
61	Pas-de-Calais	688	140 093	30	131 687	76	6 795	15
62	Puy-de-Dôme	180	21 491	81	58 570	98	2 920	83
63	Pyrénées (Basses-) ...	242	40 002	58	36 586	80	3 415	78
64	Pyrénées (Hautes-)...	22	6 315	00	5 982	00	333	00
65	Pyrénées-Orientales...	95	40 243	66	40 196	77	46	89
66	Rhin (Haut-)..........	98	10 440	21	9 218	59	1 221	62
67	Rhône...............	206	263 715	25	188 422	25	63 453	78
68	Saône (Haute-), part. fr	210	32 639	11	21 963	63	10 675	48
69	Saône-et-Loire........	129	46 077	25	36 316	41	10 660	81
70	Sarthe...............	155	40 108	75	37 409	07	2 729	68
71	Savoie...............	315	89 592	50	87 405	10	2 187	40
72	Savoie (Haute-)........	281	87 369	51	82 240	60	5 128	01
73	Seine	95	3 299 236	86	2 724 688	16	595 865	84
74	Seine-Inférieure.......	653	259 862	88	218 282	21	41 580	67
75	Seine-et-Marne.......	205	158 764	11	117 787	74	40 976	37
76	Seine-et-Oise.........	412	449 909	40	265 880	36	184 029	04
77	Sèvres (Deux-)........	278	32 036	89	28 015	18	3 991	71
78	Somme...............	834	209 444	42	165 310	67	40 512	28
79	Tarn.................	132	27 636	25	25 050	17	2 486	08
80	Tarn-et-Garonne	10	3 726	20	3 532	40	193	80
81	Var..................	31	11 234	71	9 656	98	1 577	73
82	Vaucluse.............	31	15 209	56	14 754	00	725	71
83	Vendée..............	45	7 161	00	6 823	22	337	78
84	Vienne..............	183	22 886	85	19 731	70	2 052	15
85	Vienne (Haute-)	57	19 383	37	18 837	22	546	15
86	Vosges..............	389	102 414	89	81 437	92	20 976	97
87	Yonne...............	216	78 037	41	68 556	65	9 480	76
	Totaux pour la France — En 1907	17 318	9 045 579	92	7 460 751	24	1 626 205	50
	Totaux pour la France — En 1902	17 430	8 087 771	00	6 700 385	00	1 387 386	00
	Totaux pour la France — En 1887	16 954	5 108 354	00	3 518 417	00	1 589 937	00
	Totaux pour la France — En 1882	16 207	3 061 181	00	1 526 663	00	1 534 518	00
88	Alger	21	31 218	97	20 768	68	10 450	29
89	Oran.................	11	8 825	51	5 560	20	3 265	32
90	Constantine..........	23	24 835	09	14 847	74	9 787	35
	Totaux pour l'Algérie.	55	64 879	57	41 176	62	23 699	95
	Totaux généraux ..	17 373	9 110 459	49	7 501 930	86	1 649 905	51

DEUXIÈME PARTIE

Régime légal et attributions des Caisses des Ecoles.

CHAPITRE PREMIER

Arrêt du 22 mai 1903 (Conseil d'Etat statuant au contentieux).

Section I. — *Une Caisse des Ecoles peut-elle allouer des subsides aux enfants fréquentant l'école privée?*

Aux termes de l'art. 15 de la loi du 10 avril 1867, la Caisse des Ecoles est « destinée à faciliter la fréquentation de l'école par des récompenses aux élèves assidus et par des secours aux élèves indigents. »

En présence de ces dispositions, on s'est demandé si les Caisses des Ecoles pouvaient étendre leur action à tous les établissements qui concourent à assurer la fréquentation scolaire, ou si, au contraire, elles devaient limiter leur action aux écoles publiques.

La question s'est posée devant le Conseil d'Etat à l'occasion de pourvois introduits au nom de la Caisse des Ecoles du VIe arrondissement de la ville de Paris. L'article premier des statuts de ladite Caisse, approuvés par arrêté préfectoral en date du 20 septembre 1870, contient la disposition suivante : « Son action s'étend à tous les établissements d'instruction primaire de l'arrondissement. »

S'appuyant sur cet article, la Commission d'enquête avait, par délibérations des 6 et 15 novembre 1901, voté l'allocation de secours en nature à un certain nombre d'enfants fréquentant les écoles privées. Dans le même sens, le Conseil d'administration avait, le 20 juin précédent, pris une délibération en vue d'inviter le président et le trésorier à assurer le paiement de bons antérieurement émis au profit d'enfants fréquentant les écoles privées. Par deux arrêtés pris le 12 décembre 1901, le préfet de la Seine avait annulé comme entachées d'illégalité les délibérations prises tant par le Conseil d'administration que par la Commission d'enquête.

Le Comité d'administration s'étant pourvu pour excès de pouvoir contre les deux décisions préfectorales, le Conseil d'Etat a, dans sa séance du 22 mai 1903, rejeté les deux requêtes par un arrêt unique dont voici la teneur :

« Le Conseil d'Etat, statuant au contentieux,

Vu 1° la requête présentée par la Caisse des Ecoles du

VIe arrondissement de Paris tendant à ce qu'il plaise au Conseil annuler un arrêté en date du 12 décembre 1901 par lequel le préfet de la Seine a annulé deux délibérations de la Commission d'enquête de cette Caisse des Ecoles prises les 6 et 15 novembre 1901 et portant allocation de secours en nature à un certain nombre d'enfants fréquentant les écoles privées de l'arrondissement.....

Vu 2° la requête présentée pour la Caisse des Ecoles du VIe arrondissement de Paris..... tendant à ce qu'il plaise au Conseil annuler un arrêté en date du 12 décembre 1901 par lequel le préfet de la Seine a annulé une délibération prise le 29 juin 1901 par le Conseil d'administration de la Caisse des Ecoles pour inviter son président et son trésorier à assurer le paiement de bons précédemment émis au profit d'enfants fréquentant les écoles privées de l'arrondissement,

Vu les lois des 10 août 1867, 28 mars 1882, 30 octobre 1886 et 19 juillet 1889,

Vu les lois des 7, 14 octobre 1790 et 24 mai 1872, art. 9,

Ouï M. Grunebaum, auditeur, en son rapport;

Ouï Me Sabatier, avocat de la Caisse des Écoles du VIe arrondissement de Paris, en ses observations;

Ouï M. Romieu, maître des requêtes, commissaire du gouvernement, en ses conclusions...

Considérant que les Caisses des Ecoles ont été instituées comme établissements publics, facultatifs à l'origine pour les communes autorisées à les créer dans le but d'encourager et de faciliter la fréquentation des écoles primaires; que leur fonction consistant à distribuer soit des récompenses, soit des secours aux élèves indigents, ces distributions ne sont que le moyen d'assurer la fréquentation de l'école, but unique de leur institution; qu'à ce titre elles sont non des établissements de bienfaisance, mais des établissements scolaires annexes; que si, antérieurement à la loi du 30 octobre 1886, elles pouvaient employer leurs ressources en faveur de toutes les écoles primaires de la commune indistinctement, il ne doit plus en être ainsi depuis la promulgation de cette loi;

Considérant, en effet, que celle-ci, en rendant obligatoire pour les communes la création d'écoles publiques et en abrogeant les deux premiers titres de la loi du 15 mars 1850 et celle du 10 avril 1867, a par cela même exclu du service public de l'enseignement primaire les écoles fondées et entretenues par des particuliers ou des associations, qu'ainsi les Caisses des Ecoles, rendues obligatoires pour toutes les communes aux termes de l'art. 17, § 1er, de la loi du 28 mars 1882, ne peuvent plus, comme établissements publics scolaires, concourir qu'au service de l'enseignement primaire public et qu'il n'est pas permis de tenir compte des dispositions de leurs statuts qui, bien que régulièrement approuvés sous la législation en vigueur avant le 30 octobre 1880, sont inconciliables avec le régime établi à cette date et comme telles non avenues, cela, toutefois, sans préjudicier à l'exercice des droits auxquels pourraient donner ouverture des fondations autorisées dans des conditions particulières antérieurement à la loi de 1886;

Considérant enfin que la participation des élèves indigents fréquentant des écoles privées aux secours de l'Assistance Publique leur reste acquise, et que c'est à ses représentants qu'il appartient de leur venir en aide;

Considérant qu'il résulte de ce qu'il précède que par les arrêtés attaqués, le préfet de la Seine, en assurant l'exécution de la loi précitée de 1886, a agi dans la limite de ses pouvoirs,

Décide :

Article premier. — Les requêtes de la Caisse des Ecoles du VIe arrondissement de Paris sont rejetées. »

Cet arrêt a mis un terme aux hésitations de la doctrine et de la jurisprudence et décide que seules les écoles publiques peuvent prétendre aux secours et récompenses de la Caisse des Ecoles.

Cette décision repose sur une définition du caractère administratif et de la spécialité des Caisses des Ecoles. Deux questions préliminaires se posaient, qui ont dû au préalable être résolues.

Ces questions sont les suivantes : Les Caisses des Ecoles sont-elles des établissements publics ou d'utilité publique? Sont-elles des établissements charitables ou scolaires?

Section II. — *Les Caisses des Ecoles sont-elles des établissements publics ou d'utilité publique?*

L'intérêt qui s'attache à la solution de cette question est considérable, car selon qu'elle est résolue dans l'un ou l'autre sens, la capacité des Caisses des Ecoles va se trouver considérablement modifiée.

En effet, si les Caisses sont des établissements d'utilité publique, elles constituent une personne privée, distincte du service public; elles peuvent lui être utiles, mais n'en dépendent pas. Elles sont uniquement régies par l'acte qui leur a donné naissance, conformément aux lois en vigueur lors de leur création, c'est-à-dire par leurs statuts.

Les modifications apportées au service public dont elles sont l'auxiliaire privé et indépendant ne peuvent rétroagir sur leurs statuts à moins d'une disposition formelle de la loi.

Le changement d'affectation de leur patrimoine, la restriction du droit d'en disposer constitueraient une sorte d'expropriation ou de confiscation qui ne pourraient résulter que d'un texte législatif.

Au contraire, si les Caisses des Ecoles sont des établissements publics, elles ne sont pas des personnes privées; elles font partie intégrante de l'administration, dont elles constituent un des rouages.

Toute modification du régime du service public dont elles font partie devra nécessairement entraîner une modification correspondante de leur organisation propre.

C'est ainsi que la commune, établissement public associé au service de l'enseignement, a eu sa capacité modifiée implicitement par la législation de 1886, entraînant par voie de conséquence une profonde transformation dans le régime des Caisses des Ecoles.

A quel signe reconnait-on que l'on se trouve en présence d'un établissement public?

« On admet généralement que doivent être considérés

comme établissements publics ceux qui, créés par l'autorité administrative, assument par ses organes et sous sa tutelle la gestion d'un service public.

L'établissement d'utilité publique, au contraire, poursuit, en dehors des cadres de l'administration, un but qui lui a été simplement reconnu profitable. Il naît de l'initiative des particuliers et s'administre librement par des organes agents de son choix, sous l'autorité des lois et le contrôle généralement limité d'accepter des dons et legs, de l'autorité administrative.

C'est, comme on le voit, dans les circonstances qui accompagnent la fondation des établissements, dans les conditions plus ou moins libres de leur fonctionnement, dans le caractère enfin et surtout du but poursuivi, que se trouvent les éléments qui permettent de distinguer les établissements publics des établissements d'utilité publique » (1).

Les établissements publics se distinguent principalement des établissements d'utilité publique en ce qu'ils ne présentent pas seulement un caractère d'utilité publique qui leur a conféré la personnalité civile, mais en outre de ce qu'ils font partie intégrante de l'administration ou s'y rattachent d'une façon intime. (Arrêts de la Chambre des Requêtes du 28 décembre 1885 et de la Chambre civile du 1er décembre 1886.)

En ce qui concerne les Caisses des Ecoles, le Conseil

(1) Voy. l'étude de M. Atthalin dans la *Revue politique et parlementaire*, 1904, p. 42; voy. aussi l'étude sur les origines de la distinction des établissements publics et des établissements d'utilité publique, par Avril, thèse de doctorat (Grenoble), Paris, 1900, p. 31 à 40.

d'Etat s'est trouvé en présence de plusieurs théories soutenues par d'ardents partisans; peut-être était-il permis d'hésiter.

Une première théorie considérait les Caisses des Ecoles comme des établissements d'utilité publique. Elle faisait valoir à l'appui de son système de sérieux arguments tirés notamment de la latitude laissée aux organisateurs desdites caisses depuis la création de cette institution, pour élaborer leurs statuts, organiser leurs états de recettes et dépenses, rechercher les moyens d'atteindre le but poursuivi.

Comment admettre, disait-on, qu'un organisme si peu défini, si peu soumis à l'action administrative, ayant d'ailleurs d'après la loi même pour ressources principales, sinon exclusives, des cotisations volontaires, puisse avoir le caractère d'un établissement public?

Les établissements publics ont une organisation fixe et uniforme, ils sont soumis à une tutelle étroite de l'administration qui jouit à leur égard de pouvoirs de coercition.

Pour donner plus de force à cette théorie, ses partisans faisaient encore remarquer que des établissements même d'un intérêt général considérable, soumis à une législation et à une réglementation étroites, avec subsides de l'État, sont considérés comme de simples établissements d'utilité publique lorsqu'ils sont issus de l'initiative libre et qu'ils sont pourvus d'une administration indépendante (comme les Sociétés de secours mutuels, aux termes mêmes de la loi et les Caisses d'Epargne d'après la jurisprudence (civ. Cass., 5 mars 1856);

que le but de la loi de 1867, en créant les Caisses des Ecoles, avait été de faire appel à l'initiative privée, aux cotisations volontaires, pour alléger les charges des communes.

Les partisans de ce système établissent une séparation entre l'Administration et les Caisses des Ecoles. Celles-ci sont des établissements destinés à faciliter la fréquentation scolaire prise dans son sens le plus extensif, et ne peuvent en aucun cas être influencées par des modifications, quelles qu'elles soient, de la législation de l'enseignement qui leur est étrangère.

Une autre théorie distingue entre les Caisses des Ecoles créées avant et après 1882, c'est celle notamment de M. Beurdeley (1). Pour cet auteur, les Caisses créées avant 1882 sont des établissements d'utilité publique, ayant conservé toute leur autonomie et obéissant à leurs statuts originaires.

Les Caisses créées depuis la loi de 1882 auraient selon lui une situation bien différente. Issues d'une délibération du Conseil Municipal, de facultatives qu'elles étaient, devenues obligatoires, elles sont en réalité une création de la loi. Ce qu'autorisait le législateur de 1867, le législateur de 1882 l'impose. Les statuts des nouvelles Caisses, bien qu'une certaine latitude ait été laissée aux Conseils Municipaux pour leur rédaction, sont inspirés par le pouvoir central; leur action est limitée. Il suit de là que ces Caisses des Ecoles sont en réalité de véritables établissements publics fondés dans le but d'assurer à la

(1) *Revue politique et parlementaire*, 1896, p. 21 et 22. Les Caisses des Ecoles et leur situation légale.

loi sur l'obligation sa pleine et entière exécution. Elles ont leur place marquée dans l'organisation de notre enseignement primaire dont elles constituent un des rouages nécessaires et font à ce titre partie du domaine public.

Le Conseil d'Etat a adopté une troisième solution. Il a décidé que les Caisses des Ecoles avaient eu le caractère d'établissements publics dès 1867 et que la loi de 1882 n'avait fait que confirmer ce caractère sans rien innover.

Les motifs qui ont déterminé cette décision nous sont indiqués d'une façon très complète dans les conclusions remarquables que M. Romieu, alors commissaire du gouvernement auprès du Conseil d'Etat (1), présenta dans cette affaire.

« Ce qui caractérise l'établissement public, c'est d'être une personne morale créée pour la gestion d'un service public. Or, le service public peut exister dans des conditions très variables; avec des ressources d'origines très diverses (taxes, cotisations volontaires, dons et legs, subventions des personnes publiques) avec ou sans individualité financière et comptable propre (section de commune, pauvres de la commune) avec une organisation plus ou moins bien définie et contrôlée, avec ou sans mode de coercition explicitement déterminé par la loi (Chambres de Commerce et autrefois Fabriques) avec une indépendance presque complète vis-à-vis de l'administration (Caisses de secours des prêtres âgés ou infirmes). Il y a donc un grand nombre de crité-

(1) *Recueil des Arrêts du Conseil d'Etat*, Lebon, 1903, p. 306.

riums différents pour reconnaître un établissement public et il n'est pas nécessaire qu'ils se trouvent tous réunis.

Mais il nous paraît qu'il y a une condition essentielle pour qu'il y ait établissement d'utilité publique, c'est que la création en appartienne à l'initiative privée.

Or, la Caisse des Ecoles, aux termes mêmes de la loi du 10 avril 1867, n'est pas créée par l'initiative privée, les ressources privées pourront l'alimenter en partie ou en totalité, mais l'initiative de la création appartient à la commune ou aux communes qui peuvent se réunir à cet effet. La commune n'intervient donc pas seulement pour approuver les statuts d'un établissement privé, mais c'est elle qui crée elle-même une caisse communale pour le service de l'instruction. La circulaire du 12 mai 1867 invite les Conseils Municipaux à délibérer sur cette création et le modèle des statuts annexé à la circulaire du 9 juillet 1867 porte : « Le Conseil Municipal délibère s'il y aura dans la commune une Caisse des Ecoles. » La Caisse peut donc fonctionner théoriquement sans le concours des particuliers ; la loi ne les associe à son fonctionnement et ne les prévoit que comme souscripteurs.

D'autre part, la loi de 1867 prévoit que la gestion de la Caisse sera confiée au percepteur qui en fera le service gratuitement. C'est le comptable communal qui est obligatoirement chargé de cette recette communale, et une circulaire de la Direction de la Comptabilité publique classe en conséquence cette comptabilité comme service hors budget du receveur municipal. »

Cette jurisprudence du Conseil d'Etat est conforme

aux principes déjà admis par cette haute assemblée depuis le commencement de ce siècle; dès le 17 mai 1900, l'assemblée générale du Conseil d'Etat avait rendu un avis dans ce sens et considéré les Caisses des Ecoles comme des établissements publics en se basant sur les considérants suivants :

« Considérant qu'aux termes de l'art. 15 de la loi sus-visée du 10 avril 1867, les Caisses des Ecoles, d'une part, étaient destinées à faciliter et à encourager la fréquentation de l'école par des récompenses aux élèves assidus et par des secours aux élèves indigents, et, d'autre part, ne pouvaient être créées, si la nécessité en était reconnue, que par une délibération des Conseils Municipaux approuvée par le préfet; qu'elles étaient investies du droit de recevoir des dons et legs et qu'enfin elles étaient gérées gratuitement par le percepteur.

Considérant dès lors que les Caisses des Ecoles constituaient dès leur création un organisme administratif substitué à la commune dans l'accomplissement d'une mission qui, par sa nature même, incombait à celle-ci, et doivent être considérées non pas uniquement comme des services municipaux, mais comme des établissements distincts, investis du droit de recevoir des libéralités et ayant tous les caractères des établissements publics.

Considérant que si la loi du 10 avril 1867 a été abrogée par celle du 30 octobre 1886, l'art. 15 précité doit être regardé comme resté en vigueur en raison de l'art. 17 de la loi du 28 mars 1882 d'après lequel les Caisses des Ecoles instituées par l'art. 15 de la loi du

10 avril 1867 doivent être établies dans toutes les communes;

Considérant que ledit art. 17, en maintenant dans notre législation l'existence des Caisses des Ecoles, n'a apporté aucun changement aux règles antérieurement fixées pour leur création et la détermination de leurs attributions; qu'il a au contraire, en rendant obligatoire dans toutes les communes cette existence, confirmé le caractère qu'elles tenaient de la loi de 1867;

Considérant que, de ce que l'art. 15 de cette loi dispose que les revenus des Caisses des Ecoles se composent en même temps que des subventions des communes, des départements et de l'Etat, de cotisations volontaires, on ne saurait conclure que lesdites caisses sont des établissements d'utilité publique;

Considérant, en effet, que cette circonstance qui permet la participation des particuliers au fonctionnement des Caisses sans faire de leur concours une condition indispensable de la création de ces établissements, n'est pas incompatible avec la qualification qui leur a été ci-dessus reconnue,

Est d'avis... que les Caisses des Ecoles sont des établissements publics... » (1)

Section III. — *Les Caisses des Ecoles sont-elles des établissements charitables ou des établissements scolaires?*

Sur ce point les termes précis de l'art. 15 de la loi du 10 avril 1867 ne semblent pas permettre la controverse. Il y est dit expressément : « La Caisse des Ecoles est

(1) V. dans le même sens un arrêt du Conseil d'Etat du 24 mai 1901. Barens et autres.

destinée à encourager la fréquentation de l'école par des récompenses aux élèves assidus et des secours aux élèves indigents. »

Il ressort de ces dispositions que les Caisses des Ecoles ont un but nettement scolaire; elles doivent contribuer à faciliter et encourager la fréquentation de l'école : c'est là leur seule raison d'être.

Elles constituent aux termes de l'arrêt précité du 22 mai 1903 un établissement annexe de l'établissement scolaire, elles sont spécialement attachées à son service, destinées à lui recruter dans une certaine mesure ses élèves, en encourageant par des récompenses les efforts de la jeunesse studieuse et en facilitant par des secours la fréquentation de ceux auxquels leur situation de fortune ne permet pas de suivre l'enseignement primaire avec décence et profit, en leur fournissant dans le premier cas les vêtements nécessaires et dans le second des livres et des fournitures scolaires.

Elles ne poursuivent pas, en accordant leurs secours, un but charitable ou désintéressé; elles agissent, au contraire, dans le but d'attirer et de maintenir à l'école le plus d'enfants possible.

Ce caractère intéressé empêche de confondre les Caisses des Ecoles avec les établissements charitables.

Ces derniers font le bien sans y mettre de condition, sans attendre de leurs bienfaits une récompense quelconque; leur clientèle est théoriquement illimitée, comme les infortunes à soulager.

On comprend que la clientèle de la Caisse des Ecoles soit plus restreinte.

Prenons comme exemple la commune.

La commune, établissement charitable, aura un nombre d'assistés beaucoup plus considérable que la Caisse des Ecoles dont les ressources ne bénéficieront qu'à une partie minime des habitants de la commune, aux enfants fréquentant l'école primaire.

Encore supposons-nous dans cette hypothèse que toutes les écoles primaires peuvent prétendre aux allocations de la Caisse des Ecoles.

Il peut en être autrement: il en est ainsi en France, notamment depuis la loi du 30 octobre 1886, aux termes de l'arrêt précité du Conseil d'Etat, qui restreint aux seules écoles publiques le droit aux subsides de cette Caisse.

La clientèle de la Caisse des Ecoles se trouve de ce fait singulièrement diminuée.

Un pareil résultat ne s'expliquerait pas si la Caisse des Ecoles était un établissement charitable. Il s'explique tout naturellement si l'on considère la Caisse des Ecoles comme un établissement scolaire annexe, dont le sort est intimement lié au régime de l'instruction primaire. — Cette conception de la nature et du rôle des Caisses des Ecoles est indispensable pour comprendre l'évolution de la jurisprudence, pendant la fin du XIXe siècle, en ce qui concerne la capacité de ces Caisses.

CHAPITRE II

Etude critique de l'arrêt du 22 mai 1903 et de la jurisprudence antérieure.

L'arrêt du 22 mai 1903 marque une date importante dans les annales de la jurisprudence administrative.

En déterminant d'une façon précise la nature et la capacité des Caisses des Ecoles, il est venu combler une véritable lacune.

Tout en respectant au point de vue juridique la décision du Conseil d'Etat, telle qu'elle résulte de l'arrêt précité, on peut regretter qu'il n'ait pas paru possible à la Haute Assemblée, en l'état actuel de la législation scolaire, d'accorder aux Caisses des Ecoles une plus grande liberté dans l'attribution de leurs ressources notamment en faveur des écoles privées ou libres. Nous inclinerions volontiers, si nous n'écoutions que notre sentiment, vers une théorie plus libérale, dans l'intérêt tout d'abord des enfants qui fréquentent l'école privée et qui peuvent avoir besoin des secours de la Caisse des Ecoles, au même titre que les élèves de l'école publique, et dans l'intérêt bien compris des Caisses des Ecoles elles-mêmes, qui verraient dans cette extension de leur capacité une augmentation de ressources et de prospérité.

Nous concevons mal, d'autre part, en nous plaçant au point de vue de l'élémentaire justice, la déchéance dont sont frappés les enfants fréquentant l'école privée, et nous voudrions que les droits aux secours et récompenses distribués par les Caisses des Ecoles fussent consacrés d'une façon égale entre tous les enfants qui fréquentent l'école primaire, sans distinction entre ceux qui reçoivent l'instruction à l'école privée ou publique.

Ce désir que nous exprimons est un simple vœu; nous tenons d'ailleurs à déclarer qu'il n'est jamais entré dans notre pensée de critiquer, au point de vue juridique, la décision rendue par le Conseil d'Etat qui, selon nous, est inattaquable en droit.

Par suite des changements apportés à la législation de l'enseignement primaire, la capacité des Caisses des Ecoles a subi une modification telle que le Conseil d'Etat ne pouvait logiquement rendre une décision différente de celle que nous avons rapportée.

C'est ce que démontre l'examen de cette législation et de la jurisprudence antérieure à l'arrêt du 22 mai 1903.

L'enseignement primaire a eu en France trois lois organiques : la loi du 28 juin 1833, la loi du 15 mars 1850 et enfin la loi du 30 octobre 1886. Dans chacune d'elles se retrouve la division des écoles primaires en deux groupes distincts séparés : écoles publiques, écoles privées ou libres; mais les idées et les principes qui ont présidé à l'élaboration de ces lois ne sont pas identiques.

La loi de 1886, comme du reste celle de 1833, a eu pour objet de développer l'enseignement public; la loi de 1850 avait des tendances différentes; ce n'est pas la diffusion de l'enseignement public qu'elle poursuit, mais l'extension de l'enseignement privé (1).

Si l'on se reporte à la loi de 1833, les écoles publiques sont celles qui sont entretenues en tout ou en partie par l'Etat, les départements et les communes; une subvention accordée à une école privée a pour conséquence de la transformer en école publique. Sous l'empire de cette loi, il n'y avait donc que deux groupes d'écoles primaires; il n'en existait pas un troisième.

La loi du 15 mars 1850 reconnait deux espèces d'écoles primaires ou secondaires : 1° les écoles fondées ou entretenues par les communes, les départements ou l'Etat; 2° les écoles fondées et entretenues par des particuliers ou des associations, qui prennent le nom d'écoles libres. Ce n'est pas tout. Une autre catégorie d'écoles était encore prévue; c'était dans le cas où une commune, voulant se dispenser d'entretenir une école publique, pourvoyait à l'enseignement primaire gratuit de tous les enfants dont les familles étaient hors d'état d'y subvenir. Cette dernière catégorie portait à trois les groupes d'écoles constituées par la loi du 15 mars 1850 : les écoles publiques, les écoles libres et enfin les écoles libres tenant lieu d'écoles publiques. Il n'y a pas de difficulté en ce qui concerne les subventions accordées par les communes aux écoles de la 3e catégorie, tenant lieu

(1) V. les conclusions de M. Valabrègue, commissaire du Gouvernement. Arrêts du 20 février 1891. Villes de Vitré et de Nantes.

d'écoles publiques, bien que libres par leur nature; mais que décider en ce qui concernait les écoles libres non chargées de tenir lieu d'école publique; celles enfin qui n'assumaient aucun service public même à titre occasionnel ?

Les communes pouvaient-elles leur accorder des subventions ? A considérer la loi de 1850, on ne relève dans son texte aucune disposition prohibitive d'une telle subvention, la liberté est de règle, la restriction ne peut provenir que d'une clause expresse ou de l'esprit général de la loi.

Quand nous aurons rappelé que, loin d'être hostile aux écoles libres, la loi de 1850 leur était plutôt favorable, nous aurons démontré que rien ne s'opposait à l'attribution de subventions par les communes auxdites écoles.

En vain a-t-on voulu tirer un argument *a contrario* en opposant aux dispositions qui concernent les écoles primaires l'art. 60 de la loi qui prévoit des subventions aux institutions d'enseignement secondaire : en vertu du principe *qui dicit de uno negat de altero*, on a conclu que le législateur avait intentionnellement omis de prévoir le cas de subventions à allouer aux écoles primaires libres, pour indiquer que ces écoles ne pourraient y prétendre. C'est aller trop loin et pousser à l'excès l'amour de l'antithèse.

Le législateur a formellement prévu le cas de subventions aux écoles d'enseignement secondaire, c'est entendu, mais on peut soutenir qu'il n'a pas eu l'intention d'écarter de la répartition des subventions les écoles primaires libres, par cette raison déjà donnée que le silence du législateur ne doit pas prêter à une interprétation restrictive des droits des parties et que, d'autre part, l'étude de la loi de 1850 suffit pour se convaincre que telle n'était pas l'intention du législateur.

A l'occasion de l'art. 69 de la loi précitée, on vit revenir dans les explications de M. Baze, au nom de la Commission, ces mots : « Ecoles libres subventionnées ; » et dans sa pensée, ces mots ne s'appliquaient pas seulement aux écoles libres de l'art. 36 § 3, à celles tenant lieu d'écoles publiques, mais à toutes les écoles libres qui recevaient des allocations communales ou départementales.

Donc, sous le régime scolaire de 1850 et de 1867, l'école privée joue un rôle considérable, non seulement en fait, mais en droit, dans l'organisation de l'instruction primaire; le législateur encourage à s'adresser à elle, compte sur elle pour alléger les charges des communes, et donne toutes facilités aux communes de les subventionner. Elle coopère au service général de l'enseignement avec le bon vouloir et même la faveur de l'Administration; elle est l'auxiliaire de la commune pour l'instruction primaire. En réalité, la législation considère le service public de l'enseignement comme assuré tout à la fois par les écoles publiques et les écoles privées, les unes remplaçant, suppléant, soulageant les autres (1).

La Caisse des Écoles fut créée sous ce régime dans le but de développer l'enseignement primaire, en facilitant aux enfants indigents l'accès des écoles primaires qui,

(1) V. les conclusions de M. Romieu, arrêt du 22 mai 1903. *Lebon, col. cit.*

pour être gratuit dans un certain nombre de communes ayant voté des centimes spéciaux pour cet objet, n'en restait pas moins difficile pour le plus grand nombre des familles indigentes.

Etablissements de bienfaisance scolaire, alimentés par des dons volontaires, des subventions des départements et des communes, lesdites Caisses devaient encourager la fréquentation de l'école par des récompenses aux élèves assidus et par des secours aux élèves indigents.

Nous savons quelles catégories d'écoles étaient admises et reconnues par la loi de 1850 : l'école libre était considérée avec la même faveur que l'école publique, dans un but d'économie pour les budgets communaux. Etant donné leur rôle que nous venons de définir, on doit admettre qu'à cette époque les Caisses des Ecoles pouvaient subventionner toutes les écoles, qu'elles fussent publiques ou privées ; c'était incontestablement le vœu du législateur et personne n'a jamais songé à contester la parfaite validité des distributions ainsi faites dans l'intérêt de l'instruction primaire telle qu'elle était comprise et organisée par les Pouvoirs publics. S'il restait un doute à cet égard, on pourrait le dissiper par l'examen des termes de l'art. 17 de la loi du 10 avril 1867, relatif à l'inspection des établissements d'enseignement primaire.

Cette inspection avait été réclamée dans le but d'y soumettre les écoles libres, subventionnées au même titre que les écoles publiques. L'art. 17, précité, porte notamment : « Sont soumises à l'inspection comme les écoles publiques, les écoles libres qui tiennent lieu d'écoles publiques, aux termes du quatrième paragraphe de l'art. 36 de la loi du 15 mars 1850 ou qui reçoivent une subvention de la commune, du département ou de l'Etat. « Aux termes mêmes de cette disposition, parmi les écoles libres qui reçoivent des allocations des communes, les unes sont constituées conformément à l'article 36 et tiennent lieu d'écoles publiques; les autres sont simplement subventionnées par les communes, les départements ou l'Etat. La loi de 1867 fait cette distinction et reconnait par cela même que, sous l'empire de la loi de 1850, il pouvait exister des écoles libres recevant des subventions communales, alors même qu'elles n'avaient pas pour objet de suppléer à l'insuffisance des écoles publiques communales. Si cette classe d'écoles existait, les Conseils Municipaux pouvaient légalement voter des allocations en leur faveur.

Vers 1880, une ère nouvelle s'ouvre pour l'enseignement primaire : après la loi du 16 juin 1881, qui vise la gratuité, la loi du 28 mars 1882 impose l'obligation.

La capacité des communes va-t-elle se trouver modifiée de ce fait, en ce qui concerne leur faculté d'attribution? Non. Elles restent libres de disposer de leurs ressources en faveur des écoles libres ou privées.

La raison de leur liberté à cet égard n'a pas changé : Sans doute le législateur crée l'obligation de l'enseignement primaire public, il n'en reste pas moins une situation de fait qui tempère dans une large mesure ce que la loi peut avoir d'absolu. Il s'en faut que toutes les communes aient une école publique, il ne suffit pas qu'une loi décide la création d'écoles publiques sur tout le territoire d'un pays aussi étendu que la France pour qu'aussitôt ce vœu soit accompli.

Longtemps encore la situation hybride qui avait existé avant ces deux lois resta la règle dans la pratique.

Dans les nombreuses communes qui n'avaient pas encore d'écoles publiques ou qui n'en avaient qu'un nombre insuffisant, il fallait bien permettre aux parents d'avoir recours à l'école privée.

Le régime antérieur ne cesse donc de s'appliquer et les lois de 1850 et de 1867 n'étant pas abrogées, les communes peuvent toujours subventionner les écoles privées (1).

Les Caisses des Ecoles ont pu continuer ainsi à encourager la fréquentation de l'école publique et de l'école privée, puisque les écoles privés peuvent toujours servir d'écoles publiques ou être subventionnées par la commune.

Cette solution conforme à la logique avait été consacrée par un avis de la section de l'intérieur du Conseil d'Etat du 24 juin 1885 (Legs Riberprey) (2). Avec la loi du 30 octobre 1886, nous voyons apparaître de profondes modifications dans le régime de l'enseignement primaire, et, par voie de conséquences, dans la situation des Caisses des Ecoles.

Si cette loi, dans son art. 2, reconnait deux sortes

(1) V. arrêt du Conseil d'Etat, 16 nov. 1888, commune de Saint-Saturnin.

(2) Tissier, *Traité des dons et legs*, t. I, p. 277, note 2.

d'écoles, d'une part les écoles publiques fondées et entretenues par l'Etat, les départements et les communes, et de l'autre les écoles privées, fondées par les particuliers et les associations, elle abroge complètement les lois de 1850 et de 1867 et ne reconnait plus la troisième catégorie d'écoles existant antérieurement et désignées sous le nom d'écoles privées tenant lieu d'écoles publiques. »

L'école privée est tolérée comme une institution de fait, elle ne participe plus officiellement à l'ensemble du système de l'enseignement, en qualité d'auxiliaire, venant en aide aux établissements scolaires officiels, les remplaçant même, elle est plutôt considérée comme une rivale de ces établissements.

Elle ne peut donc prétendre à des faveurs de l'administration communale.

Les efforts qui furent faits au moment de la discussion de la loi de 1886 pour faire reconnaître les écoles privées comme établissements d'enseignement primaire d'une troisième catégorie et les faire admettre comme tels au bénéfice de la loi, demeurèrent infructueux.

Une proposition présentée dans ce but sous forme d'amendement à l'art. 2 fut soumise à la Chambre des Députés. Elle était ainsi conçue :

« Les établissements d'enseignement primaire de « tout ordre peuvent être publics ou libres; les écoles « publiques sont celles dont la création et l'entretien « sont déclarés obligatoires par la présente loi; les « écoles libres sont celles qui sont librement fondées,

« entretenues et administrées par les particuliers, les « associations ou les communes. »

Cet amendement qui ne tendait à rien moins qu'à détruire toute l'économie de l'art. 2 fut repoussé.

En dehors des deux groupes d'écoles reconnues par la loi de 1886, il n'y a donc pas place pour un troisième qui serait formé par les écoles privées recevant des subventions de l'Etat, du département et des communes. Toutes les dispositions de la loi de 1886 résistent à la création de ce troisième groupe d'écoles que le législateur n'a pas voulu autoriser les communes à constituer. Les travaux préparatoires de la loi de 1886 sont absolument probants à cet égard. Au cours des discussions parlementaires qui précédèrent le vote de cette loi, des tentatives furent faites dans le but de permettre d'autoriser les communes à fonder et entretenir des écoles privées, notamment par M. Thellier de Poncheville à la Chambre des Députés et par M. Lacombe au Sénat.

Le Parlement refusa de sanctionner par son vote ces amendements, marquant ainsi sa volonté bien arrêtée de ne pas permettre aux communes de subventionner des écoles privées. Il voulait que les communes réservassent leurs ressources pour l'enseignement public seul, afin de le mettre en état de suffire à l'instruction primaire sans qu'il soit besoin de recourir à l'enseignement privé pour assurer aux enfants les bienfaits de l'instruction.

Cette solution a été admise presque à la même époque dans les termes les plus nets par l'assemblée générale administrative du Conseil d'Etat (10 juillet 1888 et

14 mars 1889) et par le Conseil d'Etat statuant au contentieux (28 février 1891, ville de Vitré) (1).

La jurisprudence a poussé si loin son respect pour la rigueur de ce principe qu'elle a même décidé qu'une commune ne pourrait donner des prix à une école privée, y voyant une subvention détournée (Espalion, 17 avril 1891) (2).

Un autre arrêt du 17 juillet 1891 (commune de Saint-Michel-en-l'Herm) décide qu'une commune ne peut allouer une subvention à une salle d'asile libre. La même solution serait applicable alors même que dans le cas particulier la commune ne se trouve pas dans l'hypothèse où l'établissement d'une école maternelle y serait obligatoire (commune de Lescar, 10 mai 1893) (3).

Enfin, par un arrêt en date du 4 mai 1894, le Conseil d'Etat affirme une dernière fois son intention de ne pas autoriser les communes à subventionner les écoles privées : Il s'agit d'un pourvoi formé par la ville de Nontron tendant à faire annuler pour excès de pouvoir un arrêté du 13 janvier 1892 par lequel le préfet de la Dordogne avait déclaré nulle la délibération du Conseil Municipal de cette ville en date du 15 novembre 1891, votant une subvention en faveur d'une école privée.

Le pourvoi fut rejeté; à l'appui de cette décision, le Conseil d'Etat avait émis les considérants suivants :

« Considérant que des dispositions de la loi du 30 octo-

(1) Lebon, 1891, p. 137. V. les conclusions du commissaire du Gouvernement.

(2) *Id.*, p. 277.

(3) Lebon, 1893, p. 108.

bre 1886 rapprochées des lois du 15 juin 1881 et 28 mars 1882, il résulte que le législateur a entendu n'admettre que deux sortes d'établissements d'enseignement primaire : les écoles publiques fondées et entretenues par l'Etat, les départements ou communes, et les écoles privées fondées et entretenues par des particuliers ou associations; qu'au cours de la discussion de ladite loi les amendements présentés tant au Sénat qu'à la Chambre des Députés à l'effet de permettre aux communes de fonder, d'entretenir ou même de subventionner les écoles privées ont été rejetés; qu'ainsi le législateur s'est refusé à reconnaître l'existence d'écoles formées avec le concours des communes et celui des particuliers ou associations; qu'il suit de là qu'en allouant la subvention dont s'agit à l'école maternelle congréganiste, le Conseil Municipal a contrevenu aux dispositions de la loi du 30 octobre 1886 et que c'est à bon droit que le Préfet a déclaré nulle sa délibération, par application de l'art. 63 de la loi du 5 avril 1884..... »

De ce que la commune ne peut plus subventionner l'école privée, s'ensuit-il qu'elle ne puisse distribuer des secours aux enfants pauvres qui vont aux écoles privées?

La jurisprudence n'a pas admis cette solution rigoureuse; elle a fait avec raison une distinction, analysant avec beaucoup d'exactitude le rôle de la commune. Sans doute, cette dernière a une mission d'ordre scolaire, mais elle a aussi une mission charitable très étendue.

Parmi les différents secours qu'elle peut attribuer à la population scolaire, il en est qui peuvent paraître distribués dans un but scolaire, tendant à accroître la fréquentation de l'école, telles les distributions de vêtements, de soupes, etc., mais ces mêmes distributions revêtent en même temps le caractère « charitable » et rentrent à ce titre dans les matières dont la commune doit s'occuper.

Il faudra toutefois, pour que la commune puisse valablement continuer ces distributions, qu'elles conservent le caractère purement « charitable, » qu'elles n'aient pas pour but d'encourager la fréquentation de l'école privée ou de soulager cette dernière en l'avantageant lui permettant ainsi de concurrencer l'école publique, car, dans ce cas, le caractère charitable ferait place à une subvention déguisée et, par suite, illégale.

En résumé, avant 1886, la commune avait une double vocation : vocation scolaire déterminée par les lois régissant l'enseignement primaire; vocation charitable s'appliquant aux enfants fréquentant toutes les écoles sans distinction. Par l'application de la loi de 1886, la vocation scolaire s'est trouvée restreinte aux seules écoles publiques qui, depuis lors, peuvent prétendre, à l'exclusion de toutes autres, aux secours et encouragements des communes.

La vocation charitable des communes n'a pas subi la même restriction et continue de pouvoir s'exercer en faveur des enfants fréquentant l'une ou l'autre école, à la condition de conserver le caractère de bienfaisance pure et à l'exclusion de toute intention de protéger l'école elle-même en tant qu'établissement scolaire.

Les libéralités faites par une commune en faveur des

enfants fréquentant l'école privée sont donc parfaitement licites lorsqu'elles visent non l'école, mais les enfants qui la fréquentent,

C'est ainsi que deux avis de la section de l'Intérieur du Conseil d'Etat ont reconnu qu'une commune pouvait sans violer la loi de 1886 distribuer des secours aux enfants pauvres fréquentant une école privée (9 novembre 1887, legs Sinytère; 27 décembre 1893, legs Dumoulin). De même, le Conseil d'Etat statuant au contentieux a décidé que les communes pouvaient distribuer aux enfants pauvres des écoles privées des secours en argent ou en nature ayant le caractère de bienfaisance pure (20 février 1891, ville de Nantes).

Dans cette espèce, le Conseil d'Etat avait à connaître de la régularité d'un arrêté du préfet de la Loire-Inférieure qui avait annulé les délibérations du Conseil Municipal de la ville de Nantes portant inscription au budget communal : 1° d'une somme de 1,500 fr. à distribuer en nature aux enfants des écoles libres gratuites; 2° d'une somme de 25,000 fr. pour contribution aux traitements des directeurs et professeurs des écoles dites des Frères; 3° d'une somme de 4,000 fr. pour chauffage des écoles libres gratuites de garçons et de filles; 4° d'une subvention de 14,000 fr. pour fournitures classiques et frais divers aux écoles libres gratuites; 5° d'une somme de 4,000 fr. pour achat de livres de prix aux écoles libres gratuites;

Conformément aux principes que nous avons exposés et suivant en cela les avis précédemment adoptés par sa section de l'Intérieur, le Conseil d'Etat rejeta le pourvoi de la ville de Nantes sur tous les chefs qui constituaient des allocations aux établissements scolaires libres; la subvention de 1,500 fr. fut maintenue en tant qu'elle s'adressait, non à l'école privée, mais aux enfants qui la fréquentaient. L'allocation ainsi faite ne tombait pas sous la prohibition.

Ce n'était pas l'école qui bénéficiait, mais les enfants qui devaient profiter des distributions à faire par le Maire (1).

Quelle était pendant cette époque la situation des Caisses des Ecoles ?

Etablissements scolaires annexes, elles voyaient leur sort intimement lié à celui de la législation de l'enseignement primaire; leur capacité était augmentée ou diminuée, selon le caractère plus ou moins libéral des lois qui se sont succédé sur cette matière.

C'est ainsi que, pendant les années qui ont suivi la création des Caisses des Ecoles, de 1867 à 1886, ces dernières ont joui du maximum de liberté. L'instruction primaire pouvant, aux termes des lois alors en vigueur, être répandue par les écoles publiques ou privées indifféremment, les Caisses pouvaient encourager par leurs subsides la fréquentation de tous les établissements d'enseignement primaire, sans restriction ni limite d'aucune sorte.

Il n'en est plus ainsi depuis la loi du 30 octobre 1886.

Cette loi a apporté dans le régime de l'enseignement

(1) V. en ce sens, 6 août 1897, ville de Dax. Lebon, p. 604. 21 novembre 1902, commune de Daon. Lebon, p. 678.

primaire des modifications profondes, entraînant par voie de conséquence une diminution notable de la capacité des Caisses des Ecoles : l'école publique étant chargée exclusivement de pourvoir à cet enseignement, se trouve seule investie du droit de recevoir les encouragements et les secours des pouvoirs publics.

Nous avons fait remarquer précédemment qu'il ne pouvait être question d'accorder à l'école privée des secours de la commune, destinés à lui permettre de concurrencer l'école publique.

La même raison s'oppose depuis 1886 à la distribution par les Caisses des Ecoles de subsides destinés aux écoles privées.

Ce qui était licite sous la législation de 1850 ne l'est plus sous la loi nouvelle. Ce qui était autrefois la Caisse des Ecoles devient la Caisse de l'Ecole.

Les partisans de la théorie contraire, favorable à une plus grande liberté des Caisses des Ecoles, ont eu dans la personne de M. Beurdeley un éloquent porte-parole (1).

Il n'est pas admissible, dit-il, qu'on exclue les écoles privées du bénéfice des distributions des Caisses des Ecoles.

La question ne se pose pas pour les Caisses autonomes; elle est résolue dans ce cas par leurs statuts qui leur tiennent lieu de loi, et auxquels le Comité d'administration doit se conformer dans la répartition des secours.

BIBLIOTHÈQUE NATIONALE IMPRIMÉS

(1) *Loc. cit.* p. 21.

Le plus souvent ces statuts ne portent aucune interdiction, mais il en est qui disent expressément que la Caisse des Ecoles donnera des secours aux enfants pauvres des écoles gratuites, sans tenir compte du caractère confessionnel de ces écoles. Il y aura, dans le premier cas, une faculté; dans le second une obligation pour les administrateurs d'appeler les enfants des écoles privées à bénéficier des libéralités des Caisses des Ecoles.

Secourir les enfants de l'école privée, ce n'est pas subventionner cette école. Le secours s'adresse à la personne, non à l'institution.

M. Beurdeley rappelle la distinction faite par le Conseil d'Etat dans un arrêt du 20 février 1891 que nous avons rapporté et qui a annulé une décision du Conseil Municipal de Nantes, allouant à la Caisse des Ecoles de cette ville diverses sommes pour être employées en chauffage, en achat de livres de prix et fournitures classiques, mais qui a validé la même délibération, allouant une somme de 1,500 fr. à la Caisse des Ecoles, « pour être distribuée en nature aux enfants des écoles libres. » L'argument décisif lui paraît être le suivant :

La loi de 1882 a été faite pour rendre l'instruction primaire obligatoire. Elle a généralisé les Caisses des Ecoles, précisément pour rendre possible l'obligation scolaire.

Or la loi n'a pas formulé que l'école dût être obligatoirement publique; l'option subsiste entre l'école communale et l'école libre.

Ce qui importe, c'est que l'instruction se propage. Les écoles libres, atteignant ce résultat au même titre que les écoles publiques, doivent logiquement participer aux secours des Caisses des Ecoles, instituées pour rendre moins lourde l'obligation scolaire.

C'est remplir le vœu du législateur de 1882.

On fait encore remarquer que la commune pouvant distribuer des secours aux enfants pauvres fréquentant les écoles privées, on ne peut refuser cette faculté aux Caisses des Ecoles, sous la réserve qu'elles maintiendront à leurs distributions un caractère strictement charitable.

On ajoute enfin que les lois du 28 mars 1882, des 31 octobre 1886 et 19 juillet 1889, n'ont en rien modifié la capacité de ces Caisses et que la solution proposée a été admise par la section de l'Intérieur du Conseil d'Etat le 25 mai 1887 et par le Tribunal de la Seine le 28 avril 1887.

Cette théorie n'a pas triomphé et ne pouvait être adoptée en droit, en vertu du principe de la spécialité qui régit tous les établissements publics ou d'utilité publique.

De toutes les restrictions qui limitent le droit de ces établissements en ce qui concerne la capacité de recevoir ou de disposer, celle qui dérive de l'application de ce principe est la plus considérable.

« Institués en vue d'un objet déterminé, les établissements publics ou d'utilité publique ne sont investis de la personnalité civile que dans la mesure exacte de la mission spéciale qu'ils ont à remplir. Leur capacité juridique a pour raison d'être et pour limite leur destination et c'est à l'autorité publique qu'il appartient, dans l'acte par lequel elle les crée, d'en fixer l'étendue variable selon les conditions et les besoins de leur fonctionnement. S'il était loisible à un établissement de sortir du domaine d'attribution qui lui est assigné, s'il pouvait appliquer à des fins différentes les moyens d'action qui lui sont accordés en vue d'un objet déterminé, l'autorisation ne serait plus qu'une vaine formalité; il n'y aurait plus de démarcation entre les divers services administratifs et tout contrôle deviendrait impossible » (1).

Ce principe qui ne se trouve formulé dans aucun texte se trouve virtuellement contenu dans la notion même de la personnalité civile et a été dégagé nettement par la jurisprudence.

Son influence s'est fait sentir, à n'en pas douter, lorsqu'il s'est agi de déterminer la capacité des Caisses des Ecoles.

En vertu de ce principe qui leur est applicable comme à tous les établissements publics, les Caisses n'ont d'autre capacité que celle qui leur est reconnue par la loi du 10 avril 1867. Elles sont destinées à encourager la fréquentation des écoles primaires.

Ce sont des organes créés par une loi relative uniquement à l'enseignement primaire et dans lesquels le but de bienfaisance est subordonné au but purement scolaire : Il s'ensuit qu'en dehors de ce but la capacité des Caisses des Ecoles se trouve épuisée.

On ne pourrait s'autoriser de l'exemple de la commune pour faire au profit de la Caisse des Ecoles une distinction entre la mission charitable et la vocation scolaire.

(1) Ducrocq, *Droit administratif*, t. VI, p. 113 et 114.

Ces deux missions, qui rentrent dans l'attribution de la commune, ne sont pas dévolues, l'une et l'autre, à la Caisse des Ecoles.

Celle-ci a une mission scolaire dans laquelle elle doit se renfermer strictement sans pouvoir s'attribuer une mission charitable indépendante : la *spécialité* de sa capacité juridique s'y oppose.

La personnalité très limitée qui lui est concédée par la loi du 10 avril 1867 ne peut être divisée et est strictement restreinte à sa mission d'auxiliaire de l'école.

Si l'on autorisait la Caisse des Ecoles à faire des actes considérés comme purement charitables, on violerait le principe de la spécialité, on la ferait sortir de ses attributions.

La jurisprudence invoquée en sens contraire date de 1887 et semble la continuation pure et simple de la jurisprudence antérieure à la loi de 1886; elle ne nous paraît pas s'être préoccupée du changement résultant de la législation nouvelle.

Tout au contraire, la section de l'Intérieur du Conseil d'Etat se fixait bientôt dans un sens opposé.

Par deux avis du 9 novembre 1887 et du 27 décembre 1893, elle décidait que, dans les cas de donation ou legs aux enfants pauvres fréquentant les écoles, en général, il y avait lieu de faire deux parts de la libéralité:

L'une applicable aux enfants des écoles publiques, pouvant être acceptée par la Caisse des Ecoles; l'autre, destinée aux enfants fréquentant l'école privée pourrait être acceptée pour ces enfants en raison de son caractère charitable et distribuée par la commune.

Le Conseil d'Etat, dans son arrêt du 22 mai 1903, n'a fait que consacrer les principes émis dans ces avis de sa section de l'Intérieur (1).

(1) Conformément aux conclusions de M. Romieu commissaire du Gouvernement la question des fondations a été réservée.

Il s'agit de fondations faites aux Caisses des Ecoles créées ancérieurement à la loi du 30 octobre 1886 et que ces Caisses auraient été autorisées à recevoir.

Aux termes de deux avis du Conseil d'Etat en date des 2 mars 1893 et 6 juillet 1893 d'une part, et du 23 juillet 1884 d'autre part, l'Administration ne peut reprendre ou modifier une autorisation donnée antérieurement à cette loi et constituant à ce titre un droit acquis.

Elle ne peut revenir sur une acceptation de libéralités faites dans ces conditions.

Les Caisses des Ecoles peuvent donc par application de cette jurisprudence continuer actuellement à distribuer des secours aux enfants des écoles privées à titre exceptionnel lorsque ces distributions constituent l'exécution d'une fondation précédemment acceptée et ayant un caractère définitif.

CHAPITRE III

Notes de jurisprudence.

Nous avons souligné dans un précédent chapitre l'importance du principe de la spécialité en droit administratif; nous avons vu que son application aux Caisses des Ecoles avait eu pour résultat de leur interdire l'attribution de subsides en faveur des écoles privées, cette affectation ne rentrant pas dans leurs attributions « spéciales. »

En dehors de ce cas particulier, ce principe a reçu dans la pratique de nombreuses applications favorables aux Caisses des Ecoles, en ce sens qu'elles tendent à investir lesdites Caisses du droit de recevoir les dons et legs faits en faveur de l'enseignement primaire, à l'exclusion de tous autres établissements.

Une personne meurt, laissant une certaine somme destinée à encourager la fréquentation scolaire dans sa commune par des distributions de secours et récompenses, sans indiquer l'établissement qui sera chargé d'assurer l'exécution de cette libéralité.

Par quel intermédiaire la fondation ainsi faite atteindra-t-elle le but qui lui a été assigné?

En faisant abstraction du principe de la spécialité, il

semble qu'il serait permis d'hésiter entre la commune et la Caisse des Ecoles qui ont une mission scolaire et le bureau de bienfaisance qui a une vocation charitable, la libéralité revêtant l'un et l'autre de ces caractères par certains côtés.

L'application du principe de la spécialité à cette hypothèse rend toute hésitation impossible; il ressort de nombreux avis du Conseil d'Etat basés sur ce principe que la Caisse des Ecoles peut seule recevoir les libéralités ayant un but scolaire, alors même que ces libéralités auraient été adressées à un autre établissement nommément désigné par l'auteur de la libéralité.

La création des Caisses des Ecoles a eu pour effet d'investir exclusivement ces établissements du droit, qui appartenait jusque-là aux communes, d'accepter les libéralités destinées à encourager et faciliter la fréquentation des écoles.

Conseil d'Etat : *Note* 15 *juillet* 1885. — *Legs Palseur* (1).

C'est à la Caisse des Ecoles qu'il appartient de recueillir les libéralités faites :

a) à la commune à charge de distribuer chaque année des livrets aux élèves les plus méritants de l'école et de remettre une allocation à l'instituteur.

Note 15 *juillet* 1885. — *Legs Palseur.*

Projet de décret 18 *mars* 1891, *commune de Passais* (*Orne*).

(1) *Notes de jurisprudence*, 1900, par Reynaud et Lagrange.

b) à l'école des filles de la commune pour venir en aide aux enfants pauvres qui la fréquentent.

Projet de décret et note 20 *février* 1884. *Legs D*lle *Jouais.*

c) pour l'instruction des enfants pauvres de la commune.

Projet de décret et note 30 *avril* 1884. — *Legs Bourdin, commune de Dommartin.*

d) à la commune en vue de distribuer des soupes aux enfants admis dans l'asile et des prix aux élèves les plus méritantes des écoles de filles.

Notes 22 *avril* 1885, *legs Rouargue*; 24 *juin* 1885, *legs Riberprey.*

e) en faveur des salles d'asile (écoles maternelles aujourd'hui) d'une commune.

Projet de décret et note 5 *août* 1884. — *Legs Audiffret.*
Note 3 *août* 1892. — *Legs Pargaud.*

f) au bureau de bienfaisance « en faveur des enfants pauvres fréquentant les écoles publiques de la ville. »

Projet de décret 8 *février* 1890. — *Legs Meslier.*

g) au bureau d'assistance « pour aider les parents des enfants pauvres à subvenir à leur éducation. »

Projet de décret et note 16 *mars* 1897. — *Legs Lacoste.*

CHAPITRE IV

Organisation et fonctionnement de la Caisse des Ecoles.

La loi de 1867, dans son art. 15 auquel se réfère l'article 17 de la loi de 1882, décide que la Caisse des Ecoles est fondée par une délibération du Conseil Municipal et que celle-ci doit être approuvée par le Préfet.

C'est donc au Conseil Municipal que le législateur confie la décision de cette création obligatoire pour toutes les communes de France, aux termes de la loi du 28 mars 1882.

Malheureusement, la loi ne comporte aucune sanction pour le cas où un Conseil Municipal se refuserait à créer une Caisse des Ecoles dans sa commune et il ne saurait appartenir à l'autorité administrative de l'y contraindre, ou de créer d'office une Caisse d'Ecole.

La décision du Conseil Municipal ne peut être suppléée.

Par un décret du 24 décembre 1906, la commune de Gaël (Ille-et-Vilaine) était autorisée à accepter le legs à elle fait par une dame Néant d'une rente de 30 fr. sur l'Etat français, destinée à récompenser par deux prix annuels le travail et l'assiduité des deux élèves les plus méritants des écoles de ladite commune, sous la réserve formellement exprimée par la testatrice que les arrérages de la rente seraient confiés à la Caisse des Ecoles pour être répartis par ses soins, aussitôt que cette Caisse serait créée à Gaël.

Le Conseil Municipal accepta la libéralité, mais ne prit aucune délibération tendant à la création d'une Caisse d'Ecole.

Les arrérages de la rente ne purent, par suite, recevoir la destination prévue par la testatrice, faute de Caisse des Ecoles pour en opérer l'attribution; il s'était produit de ce fait un disponible de 112 fr., quand l'autorité préfectorale eut connaissance de la situation.

Le Préfet d'Ille-et-Vilaine mit alors en demeure le Conseil Municipal de prendre une décision et de créer une Caisse des Ecoles qui, seule, pouvait assurer la répartition des arrérages échus.

Le Conseil Municipal de Gaël refusa d'obéir à l'injonction qui lui était adressée et décida de se réserver l'attribution de la rente.

Le Ministre consulté, convaincu que la décision d'un Conseil Municipal ne pouvait être suppléée en cette matière, ne put que conseiller au Préfet de renouveler ses instances auprès du Conseil Municipal pour l'amener à décider la création désirée.

A cette nouvelle tentative répondit une nouvelle fin de non-recevoir.

En désespoir de cause, l'accord suivant est intervenu : Le Conseil Municipal distribuera les arrérages de la rente à raison de deux prix annuels destinés à récompenser les deux élèves les plus méritants des écoles publiques de Gaël jusqu'à ce qu'une Caisse des Ecoles vienne se charger de l'exécution de la libéralité.

Depuis cette date, aucune délibération n'a été prise tendant à la création d'une Caisse d'Ecole et rien ne fait prévoir cette création.

Le mauvais vouloir d'une commune a ainsi triomphé des dispositions impératives de la loi de 1882.

Ce cas de résistance aveugle, hâtons-nous de le dire, est heureusement assez rare, mais il méritait d'être signalé.

Si, malheureusement, de trop nombreuses communes n'ont pas de Caisse des Ecoles, il faut y voir plutôt indifférence qu'hostilité à l'égard de ces Caisses.

Les Conseils Municipaux hésitent, dans la plupart des cas, à créer une Caisse d'Ecole, parce qu'ils ne savent comment en libeller les statuts ni comment en régler le fonctionnement.

Il sera facile alors à un groupe de bons citoyens de faire aboutir cette création.

Ils élaboreront un projet de statuts, le soumettront au Conseil Municipal, agiront sur ses membres pour le leur faire accepter et provoqueront ainsi son action en insistant toujours pour qu'une large place soit faite à l'élection, afin d'associer à l'œuvre le plus de concours possibles de la part de l'initiative privée.

Un Conseil Municipal résistera rarement à ces sollicitations, surtout si les membres de la Commission scolaire et des délégations cantonales veulent bien intervenir auprès de lui.

Il faudra en outre s'assurer de l'approbation de la délibération du Conseil Municipal par le Préfet.

Cette approbation, nécessaire aux termes de la loi, ne saurait faire de doute sous notre régime démocratique, si les statuts ne contiennent rien de contraire aux dispositions légales.

Les deux formalités remplies : délibération du Conseil Municipal, approbation préfectorale, la Caisse est créée; elle a non seulement une existence propre, mais une existence avec capacité juridique assurée, la loi ayant pris soin de déclarer que les Caisses des Ecoles ainsi fondées peuvent recevoir, avec l'autorisation des Préfets, des dons et legs.

Cette attribution des Préfets concernant l'autorisation de recevoir des libéralités faites aux Caisses des Ecoles est nettement établie par la jurisprudence du Conseil d'Etat (1). Il ressort de l'examen des décisions rendues par cette Haute-Assemblée que le Préfet, compétent pour autoriser l'acceptation de legs faits au hospices et aux bureaux de bienfaisance et qui ne donnent pas lieu à réclamation de la part des héritiers, a également qualité pour autoriser l'acceptation de legs faits dans les mêmes conditions à la Caisse des Ecoles, conformément à l'art. 15 de la loi du 10 avril 1867.

Il est vrai que la loi du 30 octobre 1886 a abrogé la loi du 10 avril 1867, mais elle n'a pas abrogé celle du 28 mars 1882, laquelle, en rendant obligatoire dans toutes les communes l'établissement de la Caisse des

(1) Reynaud et Lagrange, *Notes de jurisprudence*, 1900, p. 226.
Note 3 décembre 1890. Legs Chanut.
Note 22 janvier 1895. Legs Perrin.

Ecoles, s'est expressément référée à l'art. 15 de la loi du 10 avril 1867, et, a eu pour effet de généraliser l'institution de la Caisse des Ecoles dans les conditions où cette Caisse avait été créée et organisée par l'art. 15 précité.

Lorsqu'il se produit des réclamations de la part des héritiers, l'acceptation des dons et legs faits à la Caisse des Ecoles doit être autorisée par décret rendu en Conseil d'Etat conformément aux dispositions de la loi du 1er juillet 1901.

Au cas où les statuts auraient omis de désigner la personne qui doit représenter la Caisse des Ecoles dans la vie civile, c'est au Comité administratif qu'il appartient de recevoir les libéralités faites à cette Caisse (Projet de décret et note 20 janvier 1884. Legs Jouaud) (1).

Il en est ainsi à l'égard de tous les actes de la Caisse des Ecoles; il ne saurait être question d'attribuer le droit de représenter la Caisse à ses membres pris individuellement.

C'est ce qui résulte de deux arrêts rendus par le Conseil d'Etat, statuant au contentieux, en date du 22 mai 1903 (2).

La question se posait dans deux affaires soumises à la Haute-Assemblée.

Dans l'une, un sieur Fourcade, agissant comme sous-

(1) Pour Paris les libéralités faites aux Caisses des Ecoles des arrondissements de cette ville doivent être acceptées par les présidents de ces Caisses.

(2) Lebon, *Arrêts du Conseil d'Etat*, 1903, p. 401. V. les conclusions de M. Roumieu, commissaire du gouvernement.

cripteur de la Caisse des Ecoles de la commune de Montsoult, déférait une décision du Préfet de la Seine-et-Oise, annulant une décision du Comité de la Caisse, relative à la distribution gratuite de chaussures et fournitures scolaires à tous les enfants de la commune qui fréquentent les écoles tant privées que publiques; dans l'autre, des sieurs Dareste et autres, agissant comme électeurs de la Caisse des Ecoles du XVIe arrondissement de Paris, demandaient au Conseil d'Etat d'annuler des élections qu'ils prétendaient irrégulières.

Le Conseil d'Etat, par deux arrêts en date du 22 mai 1903, a décidé qu'il n'y avait pas lieu d'accueillir des recours formés à titre individuel par des particuliers agissant comme membres des Caisses des Ecoles. Il a décidé, d'autre part, que le fait de verser des cotisations ne pouvait donner qualité pour déférer au Conseil d'Etat statuant au contentieux, les actes de l'autorité préfectorale sous le contrôle de laquelle les Caisses des Ecoles sont placées.

Le contrat qui intervient entre les souscripteurs et la Caisse des Ecoles est purement et simplement un contrat de souscription en vue d'un service public déterminé dans des conditions spécifiées aux statuts.

C'est identique au contrat bien connu en droit administratif, qui s'appelle l'offre de concours pour l'exécution de travaux publics.

Le souscripteur verse ou promet une cotisation pécuniaire à la Caisse des Ecoles en vue d'un fonctionnement dont les modalités sont fixées par les statuts (élections, mode d'administration, affectation de fonds) et qui sont la condition du contrat.

Du jour où la condition n'est pas remplie, le membre souscripteur peut intenter à la Caisse des Ecoles toutes les actions qu'il croira lui appartenir pourvu qu'elles ne touchent ni à l'organisation de l'établissement, ni à la marche du service.

Il pourra notamment obtenir le remboursement de souscriptions par lui versées ou refuser le paiement de celles qu'il aurait promises.

Etablissement public, la Caisse des Ecoles trouve dans la capacité de recevoir des dons et des legs, se joignant aux subventions que le Conseil Municipal qui l'aura créée ne manquera pas de lui voter, dans celles qu'on pourra obtenir du Conseil Général du département des ressources pécuniaires sérieuses. Il appartiendra aux membres de la Caisse de faire naître, chez les personnes fortunées, la bonne pensée d'orienter vers elle leurs générosités qui, en accroissant le capital et, par là même, le revenu, donneront sécurité pour l'avenir de l'œuvre et permettront de multiplier ses bienfaits.

Mais d'autres ressources sont encore à solliciter :

Il faudra provoquer les adhésions des membres fondateurs, bienfaiteurs ou souscripteurs dont les cotisations viendront augmenter et le capital et les produits annuels.

Dans nombre de communes, au moment d'un mariage, les époux sont invités à faire un don à la Caisse des Ecoles et une quête est faite à son profit parmi les assistants.

Souvent aussi, lors d'un décès ou d'une naissance dans une famille aisée de la localité, il est possible d'obtenir une générosité des parents.

Des cérémonies, des bals, des fêtes, des représentations peuvent être organisés en faveur de la Caisse des Ecoles, et les patronages, les Sociétés d'exercices physiques, les Sociétés musicales, les Amicales d'anciens et d'anciennes élèves, qui ne peuvent se désintéresser de tout ce qui touche à l'Ecole, dans laquelle leurs membres ont reçu les bienfaits de l'instruction, prêteront certainement leur concours gratuit (1).

Une circulaire ministérielle du 30 août 1882, a prévu une autre source de revenus, en autorisant les communes à louer les jeudis et dimanches, et, tous les autres jours à partir de quatre heures, les salles d'écoles pour les adjudications publiques, moyennant un prix de 5 ou 10 fr., suivant que l'ensemble des lots adjugés est, ou non, supérieur à 1,000 fr.: le bénéfice est acquis à la Caisse des Ecoles.

De même, pour les réunions électorales, si la mise à la disposition des salles d'Ecoles est gratuite, rien n'interdit aux organisateurs d'y voir l'occasion d'une allocation à la Caisse.

(1) A Rennes, la Caisse des Ecoles est administrée par la Société des Anciens Elèves des Ecoles Laïques Municipales qui souscrit généreusement chaque année au profit de cette œuvre si intéressante une somme de 200 fr.

Des parents d'élèves à qui la situation de fortune le permet, des anciens ou anciennes élèves, des amis de l'Ecole peuvent fournir des provisions pour la *cantine scolaire*, faire don de vêtements ou de souliers, dont ils n'ont plus l'usage; appropriés et réparés par des personnes de bonne volonté ou même par des élèves, à qui cela servira de leçons de raccommodage, de coupe et de couture, ces objets de toilette seront utilisés pour les indigents.

D'autres encore donneront des livres de classe, des fournitures scolaires, des ouvrages pour distributions de prix.

On a prétendu que l'action de la Caisse des Ecoles devait être étroitement renfermée, soit quant à ses moyens, soit quant à ses bénéficiaires, dans les termes mêmes de la loi de 1867.

Mais, déjà le Conseil d'Etat, par un avis du 17 mai 1900, a étendu son interprétation sur ce que l'on pouvait considérer sous la dénomination de *récompenses* et *secours* et c'est ainsi que les colonies de vacances peuvent être considérées comme rentrant dans la sphère d'activité des Caisses des Ecoles.

Le Conseil d'Etat a par suite autorisé les Caisses des Ecoles à acquérir les immeubles nécessaires pour recevoir les colonies de vacances ou pour créer des écoles de santé à l'usage des enfants fréquentant l'école primaire, ces deux catégories d'œuvres, constituant une des formes de récompenses ou de secours prévues par la loi et étant destinées à encourager et faciliter, dans une certaine mesure la fréquentation de l'école.

D'autre part, le mot *indigents* ne doit pas être pris dans son sens strict et ne s'appliquer qu'aux enfants qui sont inscrits aux Bureaux de Bienfaisance. La Commission chargée de répartir les secours devra se rappeler le principe émis par Jules Ferry, qui assimilait, en cette matière, les enfants peu aisés aux indigents. Elle pourra faire bénéficier des secours tous ceux pour qui ils seraient utiles et dont les parents ne lui sembleraient pouvoir supporter la dépense que difficilement.

En ce qui concerne les récompenses, c'est l'assiduité seule qui doit entrer en ligne de compte; il n'y a pas d'autre limitation à l'admissibilité des élèves aux fêtes, voyages, excursions, promenades, qui peuvent être organisés par les Caisses des Ecoles ou sous leur patronage.

En s'inspirant de ces données et de la largeur de vues qui a toujours été de règle en cette matière, les Caisses des Ecoles ont fondé, développé ou encouragé nombre d'œuvres éminemment utiles à la jeunesse, contribué puissamment à la fréquentation scolaire et rendu leur institution populaire.

Certaines Caisses ont porté leur attention sur la période même qui précède l'Ecole et se sont intéressées aux enfants de la crèche ou de l'école maternelle.

Elles ont estimé servir la cause de la fréquentation scolaire, en préparant une jeunesse robuste, habituée, dès le jeune âge à prévenir les maladies par une hygiène bien ordonnée et en lui donnant le goût de la fréquentation de l'école.

C'est le cas notamment de la Caisse des Ecoles de Vire (1).

Cette Caisse modèle, sur le fonctionnement de laquelle nous aurons d'ailleurs à revenir, a créé une cantine scolaire à l'usage des enfants pauvres, fréquentant l'école maternelle.

Cette cantine obtient le plus grand succès auprès des familles; dotée largement, avec une rente annuelle de 1,667 fr., provenant des arrérages de dons et legs, elle réalise des prodiges.

En 1909, la cantine a fourni le dîner à 51 enfants pendant 24 jours en moyenne par mois et pendant 10 mois, soit 240 jours par an, ce qui fait un total de 9,374 dîners.

Les dépenses s'étant élevées à 1,546 fr., chaque dîner revient à 0 fr. 165, soit à 0 fr. 01 de moins que les repas délivrés par la Caisse des Ecoles de Buc, en 1868, et ce, malgré l'augmentation du prix des denrées, dans la dernière moitié du siècle dernier.

D'un autre côté, les enfants ayant été habillés, ayant reçu des jouets à Noël, à la distribution des prix, des gâteaux au 14 juillet et la dépense totale ayant été de 2,065 fr. 68, on peut dire qu'un enfant revient à la petite cantine à environ 24 centimes par jour.

Pendant l'âge scolaire, les Caisses des Ecoles recourront utilement à l'action individuelle de leurs membres en les chargeant de visiter individuellement les familles

(1) Nous sommes heureux de remercier ici M. Launey, inspecteur de l'Enseignement primaire à Vire, qui a bien voulu nous communiquer avec une extrême obligeance, en l'accompagnant de considérations d'un puissant intérêt, une monographie très documentée de la Caisse des Ecoles de Vire établie par M. Marie, directeur d'école en cette ville.

dont les enfants ne se rendent pas ou se rendent irrégulièrement à l'école.

S'ils se trouvent en présence de parents négligents qui retiennent leurs enfants chez eux par indifférence, au lieu de les envoyer à l'école, les membres des Caisses des Ecoles leur feront comprendre le tort qu'ils causent ainsi à leurs enfants et arriveront par leur insistance à les convaincre de l'utilité de la fréquentation de l'école.

S'ils ont devant eux des parents retenus par la misère et obligés par le besoin d'utiliser leurs enfants à la maison, les délégués des Caisses des Ecoles se rendent compte de la situation et font rapport au Comité.

Celui-ci peut alors intervenir efficacement par une aide matérielle, succédant à l'action morale de ses membres.

Elles donnent aux enfants nécessiteux les vêtements convenables pour leur permettre de venir à l'école avec une mise décente; les aliments le midi et quelquefois même le jeudi, pour ôter aux enfants tout prétexte à la mendicité. Certaines Caisses vont même plus loin, celle de Vire notamment.

N'allait-elle pas, tout récemment encore « jusqu'au luxe même de la charité » suivant l'expression de son historiographe? Elle faisait prendre à ses pupilles un bain de pieds tous les quinze jours, couper les cheveux tous les trois mois.

Vire possède une seconde cantine scolaire, affectée aux besoins des enfants fréquentant les écoles primaires, cette cantine a fourni, pendant les trois derniers mois de l'année 1900, un total de 5,040 dîners, pour une dépense de 1,000 fr., soit, en moyenne, 0 fr. 20 par élève et par dîner. Il n'est pas inutile de faire connaître que Vire est, au point de vue scolaire, dans une situation particulièrement favorisée, grâce à la générosité de ses habitants et au dévouement du Comité de sa Caisse des Ecoles.

Le budget de cette dernière se chiffre par un revenu annuel de plus de 5,000 fr., alors que la population totale de Vire ne dépasse guère 6,000 habitants (1).

La Caisse des Ecoles supplée, par des secours, aux services que les enfants pourraient rendre à leurs parents ou encore, elle paie un pâtre communal pour assurer la

(1) Le budget de 1910 nous donne un aperçu de la richesse de cette Caisse des Ecoles.

I. — *Recettes.*

1. Allocation votée par le Conseil Municipal	500
2. Subvention du département	25
3. Subvention de l'Etat	30
4. Revenu des dons et legs	138 50
5. Souscriptions des particuliers	2 400
6. Rentes et placements divers	1 518 75
7. Sommes versées par les nouveaux époux à l'occasion de leur mariage	150
8. Recettes diverses	100 00
9. Fonds restés libres sur l'exercice précédent	186 65
Total	5 048 90

II. — *Dépenses.*

1. Achat de vêtements pour les élèves indigents	550
2. Achat d'aliments pour les élèves indigents	3 000
3. Achat de fournitures et de livres de classe pour les élèves indigents	1 200
4. Indemnité aux maîtres pour leur surveillance	200
5. Dépenses diverses	98 90
Total	5 048 90

garde des bestiaux, en vue d'éviter qu'on n'y emploie les enfants.

Les enfants sont-ils malades ou simplement maladifs ? elle peut leur assurer les soins médicaux ou les remèdes nécessaires; n'a-t-on pas vu à Vire, pendant de nombreuses années, un membre du Comité de la Caisse des Ecoles offrir généreusement, chaque année, une somme de 400 fr., pour être employée en achat de sirop antiscorbutique et quinquina, pour les enfants anémiés fréquentant l'école communale ?

Les parents doivent-ils quitter la maison avant l'heure de la classe, ou les enfants ne peuvent-ils rentrer dans leurs familles entre les classes ? La Caisse des Ecoles fait fonctionner ou subventionne des classes de garde, des cantines scolaires.

Nous ne reviendrons pas sur la question des cantines scolaires, mais nous estimons nécessaire de fournir quelques explications sur les classes de garde, autrement dit études surveillées.

Le Conseil d'Etat, par un avis du 11 juin 1894 (1), a décidé qu'une loi serait nécessaire pour autoriser les Caisses des Ecoles à entretenir sur les ressources de leur budget les études surveillées dans les écoles primaires publiques, estimant qu'une telle attribution ne leur est point accordée par la législation en vigueur; que si les Caisses peuvent affecter une partie de leurs ressources à payer les frais occasionnés aux élèves indigents par la fréquentation des écoles surveillées, il ne

(1) *Bull. admin. du Ministère de l'Instruction publique*, tome LV, p. 550

leur appartient pas d'en assurer indistinctement le bénéfice à tous les élèves de l'école publique.

Malgré toute notre déférence envers la juridiction du Conseil d'Etat, nous tenons à déclarer que nous ne partageons pas la manière de voir de la Haute-Assemblée. Il nous semble que les études surveillées peuvent être entretenues et subventionnées par la Caisse des Ecoles au même titre que les colonies de vacances; elles constituent un moyen puissant de faciliter et augmenter la fréquentation scolaire, et les dépenses faites à ce titre doivent, selon nous, être comprises dans les dépenses réglementaires de la Caisse des Ecoles.

La Caisse des Ecoles peut remplacer momentanément la famille des petits écoliers par la création de *petites familles*, qui recueillent les enfants lorsque leurs parents sont obligés de s'absenter pour quelque temps de la commune.

Elle intervient avec tous les moyens et dans tous les cas où elle peut, par son concours, alléger la charge de l'obligation, elle se préoccupe de tout ce qui concerne les intérêts matériels, moraux et physiques de l'enfant.

Un exemple en donnera quelque idée : La Caisse des Ecoles du VIIe arrondissement de Paris, sur ses ressources propres, a institué des cours d'allemand, d'anglais, de russe, de comptabilité commerciale, de dessin, d'art, de couture et coupe, de dactylographie, fondé des bourses d'enseignement primaire supérieur, distribué des récompenses aux maitres et de prix aux élèves, défrayé des excursions et voyages de vacances, fourni des vêtements et des chaussures aux enfants nécessiteux, subventionné deux dispensaires où les écoliers reçoivent des soins gratuits, contribué aux dépenses des cantines et des colonies, acheté et entretenu une villa scolaire à Saint-Germain-en-Laye (1).

La Caisse des Ecoles incite à la création de patronages pour les élèves, d'associations de jeux, de gymnastique, de tir, le jeudi et le dimanche, ou les crée elle-même, elle favorise la mutualité scolaire, elle organise des fêtes, des visites aux ateliers, aux usines, aux exploitations agricoles, aux musées.

Elle veille à la préparation ménagère de la jeune fille, patronne les œuvres du Trousseau, les cours d'économie domestique, de cuisine, etc.

Elle distribue des récompenses sous forme de primes, de livrets de caisse d'épargne, de livres, albums, jeux, ou même vêtements, coupons d'étoffe ou de linge, ustensiles de ménage pour les jeunes filles.

La Caisse suit les enfants même après leur sortie de l'école, elle s'occupe de leur placement comme apprentis, ouvriers ou employés; elle organise à leur usage des conférences, des cours d'adultes, des cours professionnels, subventionne les Sociétés de lecture, les Bibliothèques populaires.

De nombreuses caisses estiment qu'il est aussi de leur devoir et de leur mission d'encourager les maîtres qui peuvent et font beaucoup pour l'instruction primaire,

(1) Voir compte rendu de l'assemblée annuelle de la Caisse des Ecoles du VIIe arrondissement (Paris, 1903, in-8°).

elles leur attribuent des récompenses pécuniaires, les abonnent à des revues pédagogiques ou paient leurs cotisations à des Sociétés d'Enseignement Populaire, qui leur prêtent un concours éclairé dans leur rôle d'éducation intellectuelle.

CONCLUSION

Malgré les efforts des pouvoirs publics et les prescriptions impératives de la loi de 1882, qui fait de la création d'une Caisse d'Ecole une obligation pour chaque commune, cette institution est, en général, peu répandue et n'a obtenu un véritable succès que dans les grandes villes et dans certaines régions privilégiées.

Beaucoup de Conseils Municipaux ignorent les devoirs qui leur incombent de ce chef, et jusqu'à l'existence même des Caisses des Ecoles.

La généralisation de cette bienfaisante institution serait désirable.

La subvention inscrite par la commune en faveur de cette Caisse, si minime soit-elle, attirerait les libéralités des particuliers qui seraient susceptibles de s'y intéresser, et qui ne sont généralement incités à donner que quand ils voient déjà la chose exister et fonctionner.

Malheureusement, l'allocation de subventions aux Caisses des Ecoles n'est pas imposée aux communes; elle demeure pour elles une dépense facultative.

Ne pourrait-on pas décider que l'entretien, au moins pour partie, d'une Caisse des Ecoles soit rangé dans les dépenses obligatoires de la commune ?

Ce ne serait pas trop exiger que cette dépense fut égale à la valeur d'un centime communal.

L'Etat pourrait, dans le cas où le centime n'atteindrait pas 30 fr., intervenir par voie de subvention, pour compléter cette première mise de fonds à 30 francs.

En l'état actuel de notre législation, le sort des Caisses des Ecoles est entièrement remis à la bonne volonté des Conseils Municipaux, qui peuvent décider souverainement de leur existence et de leur entretien.

Certains Conseils Municipaux ayant alloué aux Caisses des Ecoles des subventions importantes ont émis la prétention de faire de cette institution un organisme municipal; une telle prétention est exorbitante et contraire au vœu de la loi qui n'exige le concours de la Municipalité que pour la création des Caisses, laissant à ces dernières, une fois créées, une indépendance absolue.

Les Commissions des Caisses des Ecoles sont trop souvent composées uniquement de membres de droit, conseillers municipaux, inspecteurs, délégués cantonaux, fonctionnaires, et les souscripteurs n'y ont qu'une part très restreinte, quand ils n'en sont point complètement exclus.

On demande aux souscripteurs de verser leur offrande sans leur fournir le moyen de vérifier l'emploi des fonds par eux souscrits.

Dans une œuvre qui, comme la Caisse des Ecoles, fait puissamment appel à l'initiative privée, il faut réserver à celle-ci la part qui lui revient dans l'administration des ressources, au lieu de se borner, comme cela se passe en fait trop souvent, à soumettre aux souscripteurs réunis en assemblée générale les opérations faites, sans qu'ils aient d'ailleurs le droit ni de les critiquer, ni de formuler des idées nouvelles.

On pourrait également assurer dans les Comités des Caisses des Ecoles une représentation des pères de familles et des membres de l'enseignement.

Les uns et les autres pourraient être consultés avec avantage sur l'emploi des ressources de la Caisse, ce qui en assurerait, dans la majorité des cas, une répartition conforme aux intérêts des ayants-droits.

Le Comité de la Caisse des Ecoles se composerait alors de membres délégués par le Conseil Municipal, de membres de droit — inspecteur, délégué cantonal, membre de la Commission scolaire, membres élus par les souscripteurs, et enfin membres délégués par le corps enseignant et par les pères et mères de familles.

Dans les régions déshéritées, de population peu nombreuse, offrant des ressources faibles, soit en activité, soit en argent, il ne peut être question de créer une Caisse des Ecoles dans chaque commune.

La création d'une Caisse des Ecoles dans chaque commune a été une pure utopie de la loi. Mais, ce que ne peut faire une commune isolée, peut être réalisé par l'association de diverses communes.

Cette pensée a été réalisée, dès 1880, dans le canton de Rebais (Seine-et-Marne), par un conseiller général, M. Chazal. Il avait obtenu l'adhésion de treize communes sur dix-huit, un secours du département, des dons d'un certain nombre de fondateurs et l'engagement par 111 souscripteurs de verser 5 fr. par an (1).

Lorsque intervint la loi de 1882, qui créait pour chaque commune l'obligation d'avoir une Caisse des Ecoles, M. Chazal demanda ce qu'il adviendrait de sa Caisse cantonale.

Il invoqua d'abord une disposition de la loi de 1882, « plusieurs communes peuvent être autorisées à se réunir pour la formation et l'entretien d'une Caisse des Ecoles. » Il obtint ensuite du Ministre de l'Instruction Publique la déclaration suivante : « Toute commune ayant adhéré à la Caisse Cantonale sera considérée comme ayant rempli l'obligation imposée par la loi. »

« La situation légale des Caisses cantonales étant reconnue, l'exemple donné par la commune de Rebais doit être suivi. Ce système repose sur une idée large et pratique : l'Association, dans un intérêt commun et défini des communes d'un même canton.

C'est la solution du problème mal posé dans la loi de 1882, solution qui s'impose là où la population n'est pas nombreuse, mais où l'intervention de la Caisse des Ecoles est d'autant plus nécessaire que les enfants sont plus isolés et plus éloignés de tout foyer intellectuel » (2).

Nous formons des vœux pour la création de Caisses des Ecoles dans les communes où elles n'existent pas encore et le développement de leur champ d'activité,

(1) Une Caisse des Ecoles. — Après l'école. *Revue d'enseignement populaire*, 5 février 1896, directeur René Leblanc.

(2) Cadet, *Monographies pédagogiques*, 1889, *loc. cit.*

dans celles où cette institution fonctionne insuffisamment.

La progression des Caisses des Ecoles en France a subi un arrêt assez marqué, au moins sous le rapport du nombre, pour des raisons que nous avons analysées.

Cet arrêt est-il définitif ?

Nous voulons espérer que non; mais cette reprise du mouvement en avant des Caisses des Ecoles sera lente, si elle se produit.

En France, on ne s'intéresse pas aux enfants.

Comme le disait M. Paul Adam, dans son livre sur les Etats-Unis, nous ne nous intéressons qu'à la vieillesse et à la mort. « Rien pour les forces réelles de la nation, tout pour les rachitiques, les aveugles, les sourds-muets, les idiots. Là-bas (aux Etats-Unis), c'est le jeune culte de la vigueur génératrice. Ici notre vieillesse adore le déchet ! »

BIBLIOGRAPHIE

Alpy. — *La loi du 28 mars 1882 sur l'enseignement primaire*, 1883, in-8°.

Atthalin. — Etude sur l'arrêt du 22 mai 1903 (Conseil d'Etat statuant au contentieux), dans la *Revue générale d'administration de* 1904.

Avril. — *Les origines de la distinction des établissements publics et des établissements d'utilité publique. Etude de Droit Français* (Thèse pour le doctorat, Faculté de Grenoble). Paris 1900, in-8°.

Béquet. — *Répertoire de Droit administratif.*

Beurdeley. — Les Caisses des Ecoles et leur situation légale, dans la *Revue Politique et Parlementaire* de 1896, tome IX.

Buisson. — *Dictionnaire de Pédagogie*, 1887.

Bulletin Administratif du Ministère de l'Instruction Publique, années 1864 à 1910.

Cadet. — *Législation et jurisprudence scolaires, Questions diverses*, 1889, 1 vol. in-12.

— Les Caisses des Ecoles, dans le *Recueil des Monographies Pédagogiques de* 1889.

Carrive. — *La nouvelle législation de l'enseignement primaire*, 1889, in-16.

Cautemerle. — *Dictionnaire de l'Administration des Lycées, Collèges communaux et Ecoles Normales primaires*, 1887.

Chaumeil. — *Recueil Méthodique de la nouvelle législation de l'Enseignement primaire*, 1887, un vol.

Detourbet. — *La loi du 28 mars 1882, sur l'Enseignement primaire obligatoire*, 1884, un vol., in-12.

Ducrocq. — *Traité de droit administratif.*

Fédon. — *Commentaire pratique de la loi du 28 mars 1882, sur l'instruction obligatoire.* Toulouse, in-8° 1883.

Frennelet et Eyquem. — *La nouvelle législation sur l'enseignement primaire*, 1887, un vol.

Freynet. — *La loi du 28 mars 1882 et son commentaire.* Grenoble 1882, in-8°.

Fuzier-Hermann. — *Répertoire.* V° Caisse des Ecoles.

Gréard. — *Recueil des documents de l'enseignement primaire*, tomes I à VI.

Huguenot (l'abbé). — *Commentaire pratique de la loi du 28 mars* 1882, Issoudun, 1883, in-8°.

Jacquin. — *La commune et les œuvres complémentaires de l'Ecole.* Paris 1903.

Lance. — Loi du 28 mars 1882. *Manuel juridique des Commissions municipales scolaires*, 1884.

Lebon. — *Recueil des arrêts du Conseil d'Etat.*

Legendre. — *Commentaire de la loi sur l'organisation de l'enseignement primaire, promulguée le 30 octobre* 1886 (1887, in-8°.)

Le Provost de Launay. — *Manuel des lois de l'enseignement primaire* (commentaires, applications et jurisprudence (1889, un vol. in-8°).

Lhomme. — *Code Manuel des membres des Commissions scolaires*, 1883, un vol. in-18).

Marie. — *Eléments de droit administratif*, 1890.

Naudy. — *Administration et législation scolaires. Recueil des lois relatives à l'enseignement primaire*, 1883.

Normand. — *La spécialité appliquée aux dons et legs faits à des établissements publics.* (Thèse de doctorat.)

Pellisson. — *Les œuvres auxiliaires et complémentaires de l'Ecole.* Paris, 1903.

Pichard. — *Nouveau Code de l'Instruction primaire*, 1889.

Rendu. — *Code de l'instruction primaire, obligatoire et gratuit*, 1883.

Resbecq (de). — *Code de l'enseignement primaire*, 1887.

Revue Pédagogique, années 1893 et 1903.

Revue générale d'administration, 1901, 1, 301.

Say, Foyot et Laujalley. — *Dictionnaire des finances*, vis Caisses des Lycées, collèges et écoles. Caisses des Ecoles des communes.

Statistique de l'enseignement primaire, 1906-1907, t. VIII

Tissier. — *Traité des dons et legs faits aux établissements publics*, t. I et II.

Trabue.—*Dictionnaire de la législation de l'enseignement primaire*, 1889, in-12°.

Valabrègue. — *Loi du 28 mars 1882. Commentaire sur l'obligation de l'instruction primaire*, 1883.

Vincent et Aubert. — *Législation et administration de l'enseignement primaire. Code annoté des lois organiques*, 1887, in-12°.

BIBLIOTHÈQUE NATIONALE RF

BIBLIOTHÈQUE NATIONALE R.F. IMPRIMÉS

TABLE DES MATIÈRES

BIBLIOTHÈQUE NATIONALE R.F. IMPRIMÉS

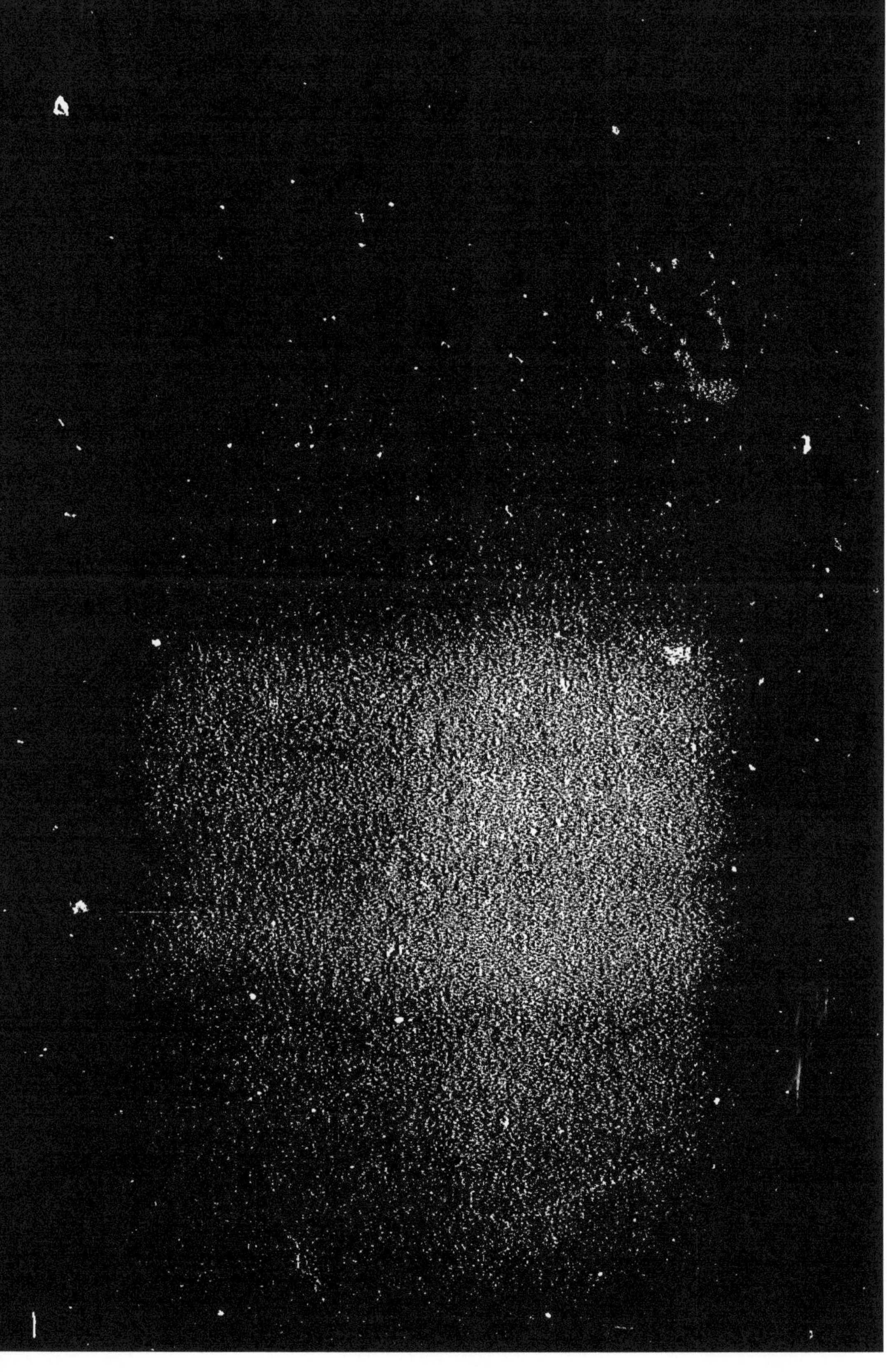

www.ingramcontent.com/pod-product-compliance
Ingram Content Group UK Ltd.
Pitfield, Milton Keynes, MK11 3LW, UK
UKHW012043240726
13965UKWH00003B/1002

9 782013 547499